초등

핵심 요약 독서

고전 문학

들어가며

여러분, 안녕하세요?
저는 친구들과 책을 읽고 쓰는 독서 선생님이에요. 매일 다양한 글을 읽고 쓰며 세상을 보는 창을 넓혀 주는 일을 하고 있죠.

선생님이 친구들과 읽는 책은 매우 다양해요. 우리 일상의 이야기를 담은 문학 도서부터 다양한 지식이 담긴 비문학 도서까지 거의 모든 책을 읽고 이야기를 나누어요. 그중에서도 선생님이 정말 중요하게 생각하며 함께 읽는 책이 있어요. 바로 고전 문학이랍니다. 고전 문학은 오랫동안 읽히며 지금까지 살아남은 이야기를 말해요.

고전 문학을 읽는 이유는 여러 가지가 있어요. 우선 고전 문학 속에는 삶의 지혜가 담겨 있어요. 고전 문학 속 주인공들은 늘 선택의 기로에 서 있죠. 그들의 행동과 과정을 들여다보면 우리가 살면서 무언가를 결정할 때 어떤 고민을 하며 나아가야 할지 생각하게 돼요.

예를 들어 〈홍길동전〉은 부당한 신분 제도 때문에 고민하는 주인공의 이야기인데요. 이런 이야기를 읽으면 여러분도 부당함에 맞서 어떻게 해야 할지 함께 호흡하며 생각하게 된답니다.

또한 고전 문학을 읽다 보면 우리 사회의 갈등과 전반적인 모습을 알 수 있어요. 예를 들어 〈춘향전〉은 춘향, 이몽룡, 변학도 세 인물을 통해 조선 시대의 신분 갈등과 권력 구조를 생생하게 보여 주는 작품이에요. 〈춘향전〉뿐 아니라 많은 고전 문학은 예전에 쓰인 이야기이기 때문에 그 당시 사회 모습을 잘 담아낼 수밖에 없죠.

좀 더 현실적인 이야기를 하자면, 고전 문학을 읽으면 여러분들의 국어 실력도 좋아진답니다. 이 책에 실은 30편의 고전은 중고등은 물론 수능에도 자주 등장하는 작품이에요. 국어 과목에서 어려운 것 중 한 가지가 고전 문학인데, 핵심 작품들을 이 책을 통해 미리 접한다면 교과에서 만났을 때 훨씬 더 이해가 쉬울 거예요.

마지막으로 인물, 갈등, 사건 구조가 분명하고 인물이 많이 등장하는 고전 문학을 읽으면 문학을 읽어 내는 힘, 즉 문학 독해력도 키워진답니다. 문학 독해력은 모든 독해의 기본으로 글을 읽고 이해하는 힘이기에 공부의 기초 체력으로 연결되죠.

하지만 고전 문학 읽기가 그리 만만하지는 않답니다. 그래서 선생님이 어려운 작품도 단숨에 읽어 낼 수 있도록 이야기를 요약해서 실었어요. 핵심 장면은 문학툰으로 구성해 여러분의 마음을 확 끌어당길 수 있도록 했고요. 고전 속 인물이 여러분 곁에 생생히 살아 숨쉬는 느낌이 나도록 중심인물 프로필로 소개했어요. 나아가 고전 문학에서 중요한 어휘도 살피고, 두 친구의 대화를 통해 작품의 특징도 야무지게 정리했답니다. 마지막으로 다양한 질문을 통해 고전 문학을 더 깊이 느낄 수 있도록 도왔어요.

〈초등 핵심 요약 독서 고전 문학〉 한 권이면 조금은 어려운 고전 문학도 든든한 친구가 될 거예요. 늘 손에 들고 다니며 재밌게 읽는 귀중한 책이 되기를 바라요.

여러분을 응원하며

오현선(라온오쌤)

구성과 특징

<초등 핵심 요약 독서 고전 문학>은 중학생이 되기 전에 꼭 읽어야 할 필수 작품을 꿰뚫는 책이에요. 책 읽기를 어려워하거나 문학 작품을 본격적인 공부로 시작하면 부담스러운 친구들을 위해 필요한 핵심 내용만 쏙쏙 담았어요.

1 문학툰으로 맛보기

초등에서 수능까지 교과 연계 필수 문학 작품 30개의 주요 장면을 문학툰으로 쉽고 재밌게 만나요!

2 단숨에 읽기

줄거리 소개보다 깊이 있게, 원전보다 부담 없이 누구든지 문학 작품을 술술 읽을 수 있어요!

3 중심인물 프로필

문학 작품에서 꼭 기억해야 할 인물의 성격과 특징을 통해 작품을 제대로 이해할 수 있어요!

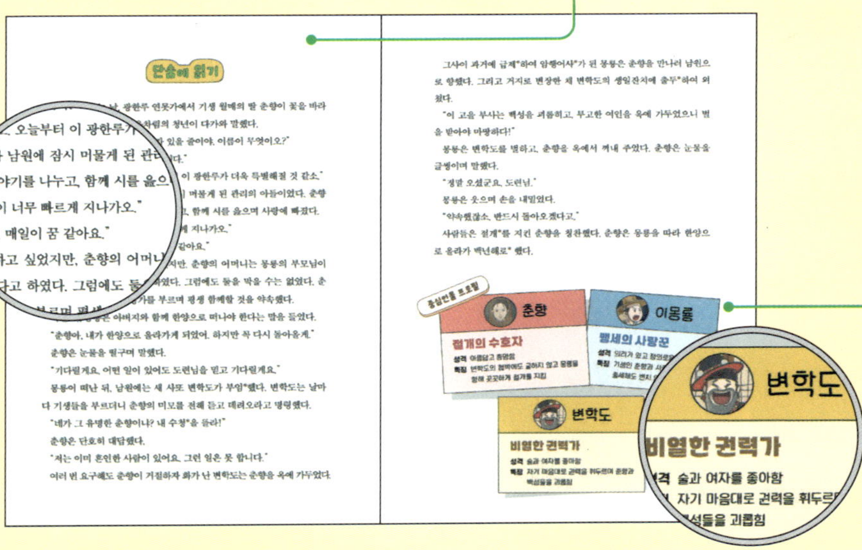

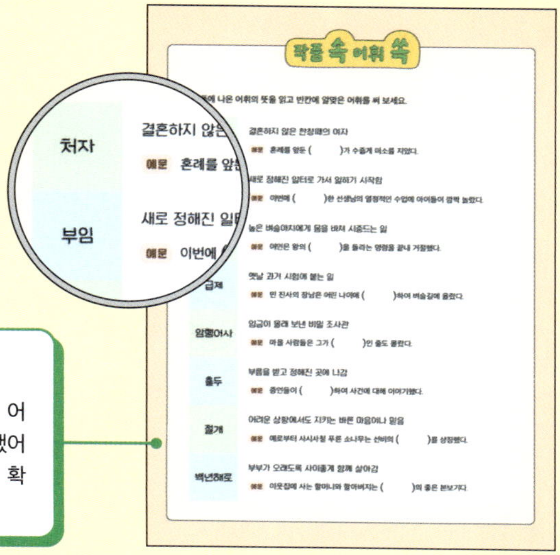

4 작품 속 어휘 쏙

문학 작품을 읽을 때 낯설거나 어려운 어휘만 모아 한 번에 정리했어요. 뜻을 보고 예문으로 다지며 확실하게 내 것으로 익혀요!

5 작품 핵심 엿보기

문학 작품을 감상하고 난 뒤 친구와 대화를 나누면서 주제, 특징, 배경 지식까지 탄탄하게 쌓을 수 있어요!

6 작품으로 질문 찾기

문학 작품을 통해 질문하고 생각하며 AI 시대에 필요한 통합적 사고와 논술 실력을 키워요!

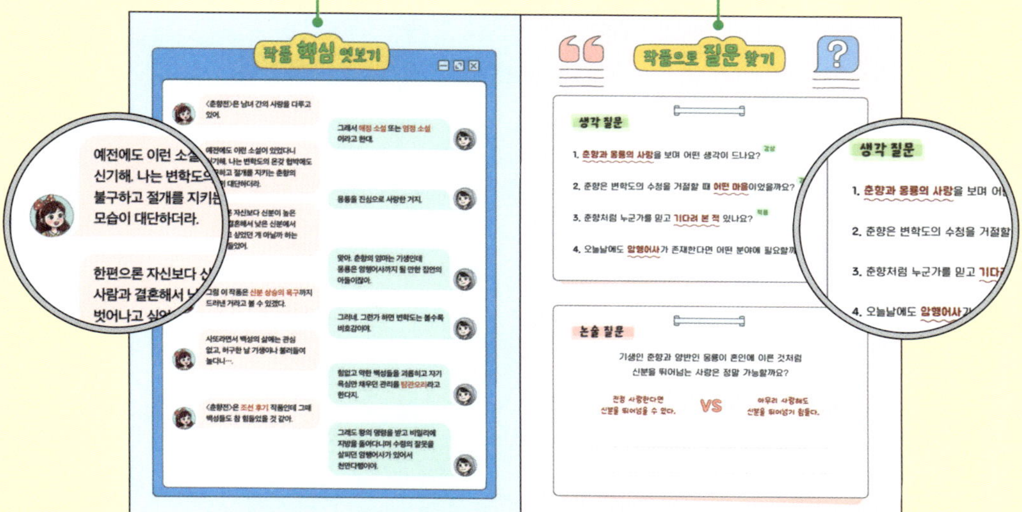

차례

〈초등 핵심 요약 독서 고전 문학〉의 30작품은 초중고 교과 연계 필수 작품 중 문학 작품에 대한 친숙도, 시험 출제 빈도 등을 종합적으로 고려하여 난이도별 3개 수준으로 구분했어요.

수준 1 핵심 요약 독서

수준 2 핵심 요약 독서

수준 3 핵심 요약 독서

수준 1

핵심 요약 독서

단군 신화 흥부전 토끼전 심청전 춘향전

홍길동전 장끼전 두껍전 장화홍련전 옹고집전

단군 신화

우리나라 최초의 국가인 고조선의 건국 신화

단숨에 읽기

먼 옛날, 하늘을 다스리는 환인이라는 신이 있었다. 그의 아들인 환웅은 날마다 땅을 내려다보며 인간 세상을 다스리고 싶어 했다.

"내가 너에게 천부인* 세 개를 주마. 이제 네가 인간 세상을 다스릴 수 있을 것이다."

마침내 환웅은 삼천 명의 신하를 이끌고 태백산 꼭대기에 있는 신단수 아래로 내려왔다.

"이제 인간 세상을 다스릴 준비가 되었다. 풍백*, 우사*, 운사*, 너희들은 각자의 일을 맡아라."

세 신하는 고개를 끄덕이며 각자의 임무를 수행했다. 곡식에서부터 선악*, 형벌, 질병에 이르기까지 사람이 사는 데 필요한 일을 알려 주면서 홍익인간*의 뜻으로 백성들을 다스렸다.

그러던 차, 곰과 호랑이가 사람이 되고 싶다며 환웅을 찾아왔다.

"저희는 사람이 되고 싶습니다. 어떻게 해야 할까요?"

"사람이 되어 사람처럼 살아가고 싶습니다. 제발 저희를 도와주세요!"

환웅은 쑥과 마늘을 주며 말했다.

"이 쑥과 마늘을 먹으면서 백 일 동안 햇빛을 보지 않는다면 사람이 될 것이다."

곰과 호랑이는 동굴에 들어가 쑥과 마늘을 먹었다. 그러나 호랑이는 며칠을 참지 못해 도망쳤고, 곰은 끝까지 잘 견뎌 여자가 되었다. 환웅은 곰에게 웅녀라는 이름을 내렸다. 웅녀는 또다시 신단수 아래에서 기도했다.

"환웅님, 저에게 사람의 모습을 주셨으니 이젠 아기를 갖고 싶습니다. 저와 혼인해 주세요."

그 모습을 본 환웅은 잠시 사람으로 변하여 웅녀와 결혼했고, 아들을 낳았다. 아들의 이름은 단군왕검이었다.

"이 아이는 우리 후손을 이끌어 갈 존재로 자라나리라."

단군은 왕위*에 오른 지 50년 만에 평양성에 나라를 세우고, 이름을 조선이라고 지었다. 그리고 얼마 후 백악산 아사달로 도읍*을 옮겼다.

"여기에서 나의 나라를 다스리리라!"

단군은 1,500년 간 평화롭게 나라를 다스리다 세상을 떠났다. 그의 나이 1,908세였다.

"나의 임무는 끝났구나. 부디 후손들이 잘 다스리기를 바란다."

중심인물 프로필

웅녀

인내심 끝판왕

성격 의지가 강함

특징 외롭고 힘든 상황 속에서도 인간이 되려는 목표를 향해 노력함

호랑이

성급한 행동파

성격 성격이 급함

특징 곰과 함께 인간이 되기를 소원하지만 중간에 포기함

환웅

정의로운 개척자

성격 사명감이 투철함

특징 인간을 널리 이롭게 하고자 직접 땅으로 내려올 만큼 인간 세상에 관심이 많음

단군왕검

이상국 설계자

성격 리더십이 강함

특징 신과 동물 사이에서 태어난 신성한 존재로, 오랫동안 나라를 다스림

작품 속 어휘 쏙

작품에 나온 어휘의 뜻을 읽고 빈칸에 알맞은 어휘를 써 보세요.

천부인	단군 신화에서 환인이 환웅에게 준 하늘의 증표로 칼, 방울, 거울로 추측함 예문 환웅은 (　　　　)을 받고 인간 세상으로 내려왔다.
풍백	바람을 다스리는 신 예문 옛날 사람들은 태풍이 불면 (　　　　)이 노했다고 여겼다.
우사	비를 다스리는 신 예문 마을마다 기우제를 지내며 (　　　　)에게 비를 내려 달라고 빌었다.
운사	구름을 다스리는 신 예문 하늘에는 (　　　　)가 구름을 움직여 그림 같은 풍경을 만들어 냈다.
선악	착한 것과 나쁜 것 예문 이 이야기는 (　　　　)의 구분이 분명하여 아이들도 쉽게 이해할 수 있다.
홍익인간	널리 인간을 이롭게 하라는 고조선의 건국 이념 예문 대한민국의 교육 이념은 (　　　　)의 정신을 바탕으로 한다.
왕위	왕의 자리나 지위 예문 왕세자는 병든 아버지를 대신해 일찍 (　　　　)에 올랐다.
도읍	한 나라의 수도 예문 한양은 교통이 편리하고, 넓은 평야가 있어 (　　　　)으로 적절했다.

작품 핵심 엿보기

〈단군 신화〉는 단순한 옛날이야기가 아니야. **건국 신화**지!

맞아, 한 나라가 생기는 과정을 보여 주잖아.

우리 민족 최초의 국가인 고조선이 어떻게 세워졌는지 이제야 알겠어.

이 이야기가 **삼국유사**에 실린 덕분이야. 여기에 고구려, 백제, 신라의 역사가 다 담겨 있거든.

나는 환웅이 땅으로 내려올 때 신이 인간을 선택한 것처럼 느껴졌어.

비, 바람, 구름을 다스리는 신하들까지 데려온 것을 보면 **농사**를 중요하게 여겼다는 사실도 알 수 있지.

그런데 곰이 사람으로 변하다니 믿겨져? 말도 안 돼!

당시 곰을 믿던 사람들이 호랑이를 믿던 사람들보다 힘이 더 세서 그런 거래.

단군왕검이 무려 1,500년 동안 나라를 다스렸다는 내용도 허무맹랑해.

그래서 **단군왕검**을 한 사람의 이름이 아니라, **대대로 나라를 다스리던 사람들**을 가리킨다고 하지.

그럼 신과 곰이 결혼한 건 서로 다른 부족이 합쳐졌다는 뜻인가?

하나를 알려 주면 열을 아는군. 결국 이 작품은 **우리 민족의 역사**를 상징적으로 보여 주고 있어.

작품으로 질문 찾기

생각 질문

1. <단군 신화>에서 가장 **신비로운** 장면은 어디인가요? 감상

2. **홍익인간**의 뜻으로 나라를 세웠다는 것은 어떤 의미일까요? 감상+추론

3. 단군이 **1,500년** 동안 나라를 다스렸다는 것은 어떤 의미일까요? 감상+추론

4. 환웅이 인간 세상을 다스리기 위해 원칙을 세운 것처럼
   오늘날 우리가 지켜야 할 **기본적인 가치**에는 무엇이 있을까요? 적용

논술 질문

환웅과 단군왕검을 떠올려 볼 때,
한 나라를 통치하는 바람직한 지도자의 모습은 어때야 할까요?

지도자는 단호하고 무서워야 한다.	VS	지도자는 부드럽고 다정해야 한다.

흥부전

욕심 많은 형과 착한 동생의 결말

단숨에 읽기

한 마을에 욕심 많은 형 놀부와 착한 동생 흥부가 살았다. 어느 날 부모님이 돌아가시자 놀부는 부모님의 재산을 모두 차지한 후 흥부 가족을 내쫓았다. 그러나 흥부에겐 자식이 스물아홉이나 있어 사는 일이 무척 고달팠다.

"아버지, 배가 고파 죽겠어요."

그 모습을 보다 못한 흥부는 매품*을 팔기 위해 태장*을 맞으러 갔지만 이미 다른 사람이 맞고 돈을 받아 간 후였다. 고민하던 흥부는 놀부의 집으로 향했다.

"형님, 아이들이 배고프다고 아우성입니다. 먹을 것 좀 주실 수 있는지요?"

놀부는 흥부를 보자마자 우락부락한 표정으로 소리쳤다.

"네 이놈! 어디라고 여길 오느냐?"

그때 놀부 아내가 나와 밥주걱으로 흥부의 뺨을 후려쳤다. 하얀 밥알만 흥부의 뺨에 달라붙고 말았다. 그렇게 흥부는 쓸쓸히 집으로 돌아갔다.

봄이 되자 제비 한 쌍이 날아와 흥부네 집 처마에 둥지를 틀었다. 그런데 커다란 구렁이 때문에 새끼 한 마리가 땅에 툭 떨어졌다. 흥부는 다리가 부러진 제비를 가엾게 여겨 제비의 다리를 실로 동여매 주었다. 이듬해, 흥부를 다시 찾아온 제비는 박씨를 물어다 주었다. 박씨를 심으니 얼마 후 커다란 박이 되었다. 흥부 가족은 박을 자르기 시작했다.

"톱질하세, 톱질하세! 슬근슬근 톱질하세!"

그런데 이게 웬일인가! 박 속에서 동자*가 나와 온갖 금은보화를 주었다. 다른 박에서는 하얀 쌀이, 또 다른 박에서는 좋은 나무와 기왓장, 돈궤*가 쏟아져 나오더니 금세 멋진 기와집 하나가 지어졌다. 흥부는 하루아침에 큰 부자가 되었다.

한편 이 소식을 들은 놀부는 배가 아팠다. 그래서 처마 밑에 제비 집을 만들어 제비 다리를 삼시*로 만지더니 급기야 부러뜨렸다. 이듬해 봄, 놀부의 앞에 제비가 박씨를 떨어뜨리고 갔다. 놀부는 박씨를 키워 다 자란 박을 톱질했다.

박이 열리자 빚을 갚으라는 노인, 놀부네 안방에 묫자리*를 쓴다는 사람, 비렁뱅이*, 상여꾼*이 튀어나오더니 갖가지 이유로 놀부한테 돈을 달라고 했다. 마지막 박에서는 장군이 나와 놀부의 죄를 물으며 크게 호통쳤다.

기절한 놀부가 정신을 차리고 보니 그 많던 재산이 순식간에 사라져 버리고 없었다. 형의 소식에 흥부가 달려와 재산의 반을 나누어 주며 함께 살자고 했다. 이에 놀부도 마음을 고쳐먹고 선하게 살기로 했다.

중심인물 프로필

흥부

날개 없는 천사

성격 마음씨가 착함

특징 못된 형을 원망하지 않고, 다리가 다친 제비도 정성스럽게 돌봄

제비

정의의 수호자

성격 은혜를 잊지 않고 공정함

특징 자신을 도와준 흥부에게 복을 주고, 괴롭힌 놀부한테는 벌을 내림

놀부

이익 사냥꾼

성격 욕심이 많고, 심술궂음

특징 재산을 독차지하기 위해 동생을 내쫓고, 제비 다리까지 일부러 부러뜨림

놀부 아내

매몰찬 안주인

성격 인정머리가 없음

특징 밥을 얻으러 온 흥부의 뺨을 밥주걱으로 사정없이 때림

작품 속 어휘 쏙

작품에 나온 어휘의 뜻을 읽고 빈칸에 알맞은 어휘를 써 보세요.

매품	돈을 받고 남의 매를 대신 맞던 일 예문 가난한 백성들은 (　　　　)을 팔아 가족을 먹여 살렸다.
태장	매나 곤장으로 사람의 몸을 때리는 형벌 예문 다른 사람의 물건을 훔친 죄로 (　　　　) 삼십 대가 내려졌다.
동자	어린 남자아이 예문 절에서 스님을 돕는 (　　　　)가 불경을 외웠다.
돈궤	돈이나 중요한 물건을 넣어 두는 궤, 금고 예문 상인은 장사를 마치고 번 돈을 (　　　　)에 넣어 잠갔다.
삼시	아침, 점심, 저녁 예문 그는 하루 (　　　　) 세끼를 굶지 않고 먹는 것이 소원이었다.
묏자리	무덤을 만들 예정이거나 이미 만든 자리 예문 산사태 위험 때문에 할머니의 (　　　　)를 옮기기로 했다.
비렁뱅이	'거지'를 낮잡아 이르는 말 예문 길거리에는 먹을 것을 구하는 (　　　　)들이 모여 있었다.
상여꾼	사람이 죽어 장례를 치를 때, 상여를 메고 옮기는 사람 예문 날이 밝자 (　　　　)들이 구슬픈 노래를 부르며 상여를 멨다.

작품 핵심 엿보기

〈흥부전〉이 **판소리계 소설**이라면서?

응, 판소리로 시작해서 소설로 발전한 거야.

어쩐지 박 타는 장면이 흥겹더라. 리듬감이 느껴졌어.

예리한데? 옛날부터 전해 내려오는 이야기를 바탕으로 만든 거라 언제, 누가 만들었는지도 알 수 없대.

그런데 흥부는 밥도 제대로 못 먹을 만큼 가난한데 왜 자식을 많이 낳은 걸까?

나도 그 모습이 우스웠어. 결국 생계를 유지하기 위해 곤장까지 맞으려고 하잖아.

그러고 보니 이 작품의 배경이 된 **조선 후기**에는 돈이 곧 힘이었어. 그래서 몰락한 양반의 모습을 그린 거라고도 볼 수 있지.

뭔가 짠하면서도 전체적으로 좀 웃겨서 재밌었어.

그런 걸 **해학적**이라고 해. 어때, 나 똑똑하지?

제법이야. 현실을 있는 그대로 보여 주기보다 과장하거나 비꼬아서 웃음을 유발하기 때문에 〈흥부전〉을 **풍자 소설**이라고도 불러.

놀부의 끝없는 욕심도 우스꽝스럽게 나타냈지.

결국 착한 사람은 복을 받고 나쁜 사람은 벌을 받는다는 **권선징악**을 말하지만, **빈부 격차**도 보여 주는 것 같아. 형제인데도 누구는 부자고, 누구는 가난하잖아.

작품으로 질문 찾기

생각 질문

1. 여러분이 생각하는 **선한 사람**과 **악한 사람**은 각각 누구인가요? 감상+비판

2. 여러분이 **흥부라면** 가난을 벗어나기 위해 어떤 노력을 할까요? 적용

3. 〈흥부전〉은 '권선징악'이라는 교훈을 주지만, 부자가 되는 과정을 '**우연한 복**'에 의존한다는 평가에 대해 어떻게 생각하나요? 감상+비판

4. **개과천선**한 놀부는 진짜 변했을까요, 일시적 변화였을까요? 감상+추론

논술 질문

성품이 정반대인 흥부와 놀부를 떠올려 볼 때,
바람직하게 살아가는 방식은 무엇일까요?

착하게 사는 것이 중요하다.	VS	덜 착해도 돈을 많이 버는 것이 중요하다.

토끼전

절대 권력에 맞선 재치 있는 반란

단숨에 읽기

깊은 수궁*에 용왕이 살고 있었다. 용왕은 잔치를 좋아해 날마다 악공*들을 불러 잔치를 벌였다. 너무 과하게 논 탓인지 용왕의 몸은 점점 약해졌다.

문어 의원이 진맥*을 했고, 해마 의원은 약을 지어 주었다. 심지어 용하다고 소문난 상어 의원까지 찾아와 온갖 방법을 써 보았지만, 용왕의 병은 좀처럼 나아지지 않았다.

그때, 벼슬이 낮은 자라 한 마리가 조심스럽게 앞으로 나섰다.

"소인이 듣기로는 토끼의 간을 진어*하면 어떤 병도 고칠 수 있다고 하옵니다."

"좋다. 자라야, 네가 토끼를 데려오면 사송*하겠다."

자라는 충성심도 있었으나 높은 벼슬을 얻고 싶은 마음에 긴 여정을 떠나기로 결심했다.

마침내 자라는 뭍*에 닿았다. 숨을 죽이며 숲속을 기어다니다가 토끼를 발견했지만, 토끼는 가까이 가면 금세 도망쳤다. 다음 날, 자라는 일부러 다리를 절뚝이며 토끼 근처로 다가갔다. 그리곤 자신이 용왕을 잘 모시지 못해 지혜로운 신하를 찾고 있다고 말했다. 용왕이 산해진미*와 보석을 준비하여 토끼를 초대하고 싶어 한다며 꼬드겼다.

"좋아요! 저를 데려가 주세요."

용궁에 도착하자, 으리으리한 궁전과 번쩍이는 불빛들이 토끼의 눈을 사로잡았다. 그러나 환영은 오래가지 않았다.

"토끼야, 너의 간이 필요하구나. 내 병을 고치려면 너의 간을 꼭 먹어야 한다."

갑작스러운 용왕의 요구에 토끼는 깜짝 놀랐지만 이내 능청스럽게 말했다.

"아차! 원래 토끼들은 중요한 간을 집에 잘 숨겨 두지요. 이럴 줄 모르고 빈 몸으로 왔으니, 다시 다녀와야 할 것 같습니다."

자라는 또다시 토끼를 등에 태우고 뭍으로 향했다. 그러나 뭍에 도착하자마자 토끼가 숲속으로 달아났다.

"잘 계세요, 자라님! 다시는 속지 않을 거예요!"

절망하고 있는 자라 앞에 신선이 나타났다. 그리고 자라의 충성심에 감복*했다며 약을 주었다. 결국 자라가 가져간 약을 먹고 나은 용왕은 잔치를 줄였고 궁에는 평화가 찾아왔다.

중심인물 프로필

용왕

뻔뻔한 바다 잔치꾼

성격 이기적이고, 어리석음

특징 자기 병을 고치기 위해 다른 생명을 해치는 것을 아무렇지 않게 여김

토끼

똑똑한 꾀돌이

성격 욕심이 많고 영리함

특징 자라의 꼬임에 넘어갔지만 위기 상황 속에서 꾀를 내어 스스로 벗어남

자라

우직한 심부름꾼

성격 용왕에 대한 충성심이 깊음

특징 토끼를 잡아 오라는 명령을 수행하기 위해 최선을 다함

작품 속 어휘 쏙

작품에 나온 어휘의 뜻을 읽고 빈칸에 알맞은 어휘를 써 보세요.

어휘	뜻과 예문
수궁	바닷속에 있는 궁전 예문 자라는 토끼를 데리고 (　　　　)으로 갔다.
악공	음악을 연주하는 사람 예문 궁중 행사가 있을 때마다 (　　　　)들이 흥을 북돋았다.
진맥	의사가 맥을 짚어 병을 알아보는 일 예문 의원이 환자의 손목을 잡고 (　　　　)을 했다.
진어	임금이 먹고 입는 일을 높여 이르던 말 예문 수라간 상궁이 임금님께 아침 식사를 (　　　　)했다.
사송	윗사람이 아랫사람에게 물건이나 벼슬을 내려 주어 보냄 예문 임금은 뛰어난 업적을 세운 장수에게 칼을 (　　　　)했다.
뭍	물이 아닌 육지 예문 배가 (　　　　)에 닿자 사람들이 우르르 내렸다.
산해진미	산과 바다에서 나는 귀하고 맛있는 음식 예문 잔칫상 위에는 온갖 (　　　　)가 가득했다.
감복	마음속 깊이 감동하고 존경함 예문 하늘이 (　　　　)하여 어머니가 자리를 털고 일어났다.

작품 핵심 엿보기

동물들이 꼭 인간처럼 말하고 행동하는 것 같아.

맞아! 이런 걸 **우화 소설**이라고 해. 동물, 식물이 등장해서 인간의 이야기를 보여 주는 거지.

특별한 이유가 있는 걸까?

인간이 직접 하기 어려운 이야기를 동물이나 식물의 입을 빌려 재치 있게 전달할 수 있거든. 그래서 서양에도 우화가 많아. 〈토끼와 거북이〉 알지?

나는 이 작품에서 용왕이 제일 별로야. 신나게 놀다가 병이 들자 애꿎은 토끼를 희생시키려고 하잖아. 순 욕심쟁이라니까!

자라도 나빠. 용왕에게 잘 보이려고 달콤한 말로 남을 속였지.

토끼도 간을 놓고 왔다고 거짓말했는걸?

그러고 보니 돌아가면서 다 그러네.

한편으로는 토끼가 지혜롭기도 해.

보통 위기가 닥치면 어떻게 해야 할지 몰라 우왕좌왕하기 쉬운데 기가 막힌 꾀를 냈지.

간을 넣었다 뺐다 할 수 있다는 말에 넘어간 용왕이나 자라가 한심해.

헛된 욕심 때문에 서로 속고 속이는 인간의 모습을 잘 **풍자**하는 것 같지?

작품으로 질문 찾기

생각 질문

1. <토끼전>에서 가장 **욕심이 많은** 인물은 누구인가요? 감상

2. 높은 벼슬을 얻고 싶은 마음에 **토끼를 속인 자라**에 대해 어떻게 생각하나요? 감상+비판

3. 여러분이 **토끼라면** 어떤 방법으로 상황을 벗어났을까요? 적용

4. 용왕이면 자신의 병을 고치기 위해 **다른 동물**을 해쳐도 될까요? 감상+비판

논술 질문

거짓말로 상황을 해결하려는 자라와 토끼를 떠올려 볼 때,
위기 상황에서 거짓말은 정당화될 수 있을까요?

위기를 벗어나려면 거짓말을 해도 된다.	VS	어떤 경우에도 거짓말은 옳지 못하다.

심청전

부모에 대한 지극한 효심이 일으킨 기적

단숨에 읽기

옛날 황주 도화동이라는 고을에 심학규라는 봉사와 아내 곽씨 부인이 살고 있었다. 부부는 나이가 사십이 다 되도록 자식이 없어 매일같이 부처님과 하늘에 기도를 올렸다.

"아무쪼록 저희 부부에게 자식 하나만 허락해 주십시오."

간절한 기도 끝에 딸, 심청이가 태어났다. 아이는 예쁘고 총명했다. 하지만 기쁨도 잠시, 곽씨 부인이 아이를 낳은 지 일주일 만에 병으로 세상을 떠났다.

심청은 앞을 못 보는 아버지 대신 동냥*을 다니고, 남의 집 바느질, 품팔이 등을 하며 살림을 꾸렸다. 그러던 어느 날, 심 봉사는 심청을 기다리다 그만 개천에 빠지고 말았다. 이를 본 몽운사 화주승*이 심 봉사를 구해 주었다.

"이보시오, 부처님께 쌀 삼백 석을 시주하면 눈을 뜰 수 있다오."

심 봉사는 마음이 흔들린 나머지 덜컥 시주*를 약속하고 말았다. 이 사실을 알게 된 심청에게 남경 뱃사람들이 인당수*의 제물*로 쓸 여인을 찾고 있다는 소식이 들렸다.

"저를 데려가 주세요. 대신 공양미* 삼백 석을 아버지께 주세요."

결국 심청은 매서운 바람이 몰아치는 인당수 앞에서 치마로 얼굴을 가린 채 뛰어들었다. 순식간에 물결이 고요해지고 하늘엔 햇살이 비쳤다.

심청은 바닷속 용궁으로 들어갔다. 용왕은 효심이 지극한 심청을 따뜻하게 맞아 주었다. 그렇게 수정궁에서 지내길 3년, 용왕은 심청을 연꽃에 태워 인간 세상으로 보내 주었다.

그 무렵, 황후*를 잃고 깊은 시름에 잠겨 있던 황제*는 연꽃에서 나온 심청을 보게 되었다. 심청이 아버지를 위해 인당수에 빠졌다는 사연에 감동하여 심청을 새 황후로 삼았다. 심청은 궁궐에 들어가 화려한 옷을 입고 높은 지위에 올랐지만, 언제나 아버지를 걱정했다. 이 사실을 알게 된 황제는 전국에 있는 맹인들을 불러 모아 큰 잔치를 벌였다.

소식을 들은 심 봉사도 궁궐로 향했다. 심 봉사의 재산을 노리고 접근한 뺑덕 어미에게 배신을 당한 후였다. 심청은 초라한 노인을 발견한 순간, 그렇게 찾던 아버지임을 알아차렸다.

"아버지! 저 청이에요."

부녀는 부둥켜안고 통곡했다. 심 봉사가 딸을 직접 보고 싶은 마음에 눈을 비비자 갑자기 주변 맹인들까지 하나둘 눈을 뜨기 시작했다. 결국 뺑덕 어미는 벌을 받았고, 심청은 아버지와 새어머니가 된 안씨 부인을 궁으로 모셔 함께 살았다.

중심인물 프로필

심청

용감한 효녀

성격 아버지에 대한 효심이 지극함

특징 하나뿐인 아버지를 위해 인당수에 몸을 던지며 자신을 희생함

심 봉사

팔랑귀 부친

성격 딸을 많이 사랑함

특징 앞이 보이지 않아 눈을 뜨고 싶은 마음에 주변의 유혹에 쉽게 넘어감

뺑덕 어미

음흉한 사기꾼

성격 욕심이 많음

특징 딸을 잃고 홀로 남은 심 봉사를 속여 자신을 의지하게 만듦

작품 속 어휘 쏙

작품에 나온 어휘의 뜻을 읽고 빈칸에 알맞은 어휘를 써 보세요.

동냥	거지가 돌아다니며 돈이나 음식을 비는 일 예문 추운 겨울날, 헐벗은 아이가 온 마을에 (　　　)을 하러 다녔다.
화주승	절에서 돈이나 물건을 모으는 일을 맡은 스님 예문 (　　　)이 집집마다 부처님의 말씀을 전하고 쌀과 양식을 얻었다.
시주	절이나 스님에게 돈이나 물건을 스스로 내는 일 예문 절에 가는 길에 적은 금액이지만 (　　　)를 했다.
인당수	사람을 바쳐야 배가 무사히 지나갈 수 있다는 이야기가 전해지는 깊은 물 예문 심청이가 아버지의 눈을 뜨게 하려고 (　　　)에 몸을 던졌다.
제물	제사에 쓰는 음식 예문 차례상에 올릴 (　　　)을 정성껏 준비했다.
공양미	부처님께 바치는 쌀 예문 심청이는 아버지의 눈을 뜨게 할 (　　　) 삼백 석을 구하기 위해 애썼다.
황후	황제의 본부인 예문 아름다운 (　　　)가 황제의 옆에 앉아 백성들을 내려다보았다.
황제	제국을 다스리는 최고 통치자 예문 오랜 전쟁 끝에 새로운 (　　　)가 즉위했다.

작품 핵심 엿보기

눈먼 아버지를 위해 인당수에 몸을 던지는 심청의 모습을 보고 깜짝 놀랐어.

나도 그랬어. 그런 걸 **인신 공희**라고 한대.

그게 뭐야? 처음 듣는걸.

산 사람을 신에게 제물로 바치는 거지.

어머나, 어떻게 그럴 수가 있어?

보통 처녀나 어린아이를 희생해서 흉년, 홍수, 전염병 같은 재앙을 막거나 어떤 문제가 해결된다는 믿음 때문이야. 신라 시대 활을 쏘는 사람을 다룬 **거타지 설화**에도 인신 공희가 나오잖아.

그러고 보니 **효녀 지은 설화**가 있었잖아. 그 이야기를 바탕으로 〈심청전〉이 만들어졌거든.

근본이 되는 설화가 따로 있었구나.

나는 심청의 효심이 너무 깊어서 오히려 안타까웠어.

아무나 쉽게 할 수 없는 일이지. 그래서 뺑덕 어미가 벌을 받았을 땐 얼마나 통쾌했는지 몰라.

역시 **권선징악**이 최고야! 흥부와 놀부처럼 말이야.

그래야 이 세상에 나쁜 짓이 줄어들지 않겠어?

작품으로 질문 찾기

생각 질문

1. 심청의 행동 중 가장 **인상 깊은** 것은 무엇인가요? 감상

2. 눈을 뜨게 해 준다는 말에 덥석 공양미 삼백 석을 바친다는 약속을 한 **심 봉사**에 대해 어떻게 생각하나요? 감상+비판

3. 심 봉사가 **눈을 뜬** 이유는 무엇 때문일까요? 감상+추론

4. 여러분은 부모님께 어떻게 **효도**하고 있나요? 적용

논술 질문

심청의 모습을 떠올려 볼 때,
자식으로서 진정한 효도는 무엇일까요?

부모님을 위해 희생할 줄 알아야 진정한 효도이다.	VS	부모님을 위해 희생하지 않아도 효도할 수 있다.

춘향전

신분을 뛰어넘은 남녀 간의 사랑

단숨에 읽기

봄바람이 부는 날, 광한루 연못가에서 기생 월매의 딸 춘향이 꽃을 바라보고 있었다. 그때 고운 옷차림의 청년이 다가와 말했다.

"고을에 이렇게 고운 처자*가 있을 줄이야. 이름이 무엇이오?"

"성은 성, 이름은 춘향이라 합니다."

"나는 이몽룡이라 하오. 오늘부터 이 광한루가 더욱 특별해질 것 같소."

몽룡은 아버지를 따라 남원에 잠시 머물게 된 관리의 아들이었다. 춘향과 몽룡은 자주 만나 이야기를 나누고, 함께 시를 읊으며 사랑에 빠졌다.

"그대와 있으면 시간이 너무 빠르게 지나가오."

"저도 그래요, 도련님. 매일이 꿈 같아요."

몽룡은 춘향과 결혼하고 싶었지만, 춘향의 어머니는 몽룡의 부모님이 허락하시지 않아 안 된다고 하였다. 그럼에도 둘을 막을 수는 없었다. 춘향과 몽룡은 방에서 사랑가를 부르며 평생 함께할 것을 약속했다.

며칠 뒤, 몽룡은 아버지와 함께 한양으로 떠나야 한다는 말을 들었다.

"춘향아, 내가 한양으로 올라가게 되었어. 하지만 꼭 다시 돌아올게."

춘향은 눈물을 떨구며 말했다.

"기다릴게요. 어떤 일이 있어도 도련님을 믿고 기다릴게요."

몽룡이 떠난 뒤, 남원에는 새 사또 변학도가 부임*했다. 변학도는 날마다 기생들을 부르더니 춘향의 미모를 전해 듣고 데려오라고 명령했다.

"네가 그 유명한 춘향이냐? 내 수청*을 들라!"

춘향은 단호히 대답했다.

"저는 이미 혼인한 사람이 있어요. 그런 일은 못 합니다."

여러 번 요구해도 춘향이 거절하자 화가 난 변학도는 춘향을 옥에 가두었다.

그사이 과거에 급제*하여 암행어사*가 된 몽룡은 춘향을 만나러 남원으로 향했다. 그리고 거지로 변장한 채 변학도의 생일잔치에 출두*하여 외쳤다.

"이 고을 부사는 백성을 괴롭히고, 무고한 여인을 옥에 가두었으니 벌을 받아야 마땅하다!"

몽룡은 변학도를 벌하고, 춘향을 옥에서 꺼내 주었다. 춘향은 눈물을 글썽이며 말했다.

"정말 오셨군요, 도련님."

몽룡은 웃으며 손을 내밀었다.

"약속했잖소. 반드시 돌아오겠다고."

사람들은 절개*를 지킨 춘향을 칭찬했다. 춘향은 몽룡을 따라 한양으로 올라가 백년해로* 했다.

중심인물 프로필

춘향

절개의 수호자

성격 아름답고 총명함

특징 변학도의 협박에도 굴하지 않고 몽룡을 향해 꿋꿋하게 절개를 지킴

이몽룡

맹세의 사랑꾼

성격 의리가 있고 정의로움

특징 기생인 춘향과 사랑에 빠지며 출세해도 변치 않음

변학도

비열한 권력가

성격 술과 여자를 좋아함

특징 자기 마음대로 권력을 휘두르며 춘향과 백성들을 괴롭힘

작품 속 어휘 쏙

작품에 나온 어휘의 뜻을 읽고 빈칸에 알맞은 어휘를 써 보세요.

어휘	뜻과 예문
처자	결혼하지 않은 한창때의 여자 예문 혼례를 앞둔 ( )가 수줍게 미소를 지었다.
부임	새로 정해진 일터로 가서 일하기 시작함 예문 이번에 ( )한 선생님의 열정적인 수업에 아이들이 깜짝 놀랐다.
수청	높은 벼슬아치에게 몸을 바쳐 시중드는 일 예문 여인은 왕의 ( )을 들라는 명령을 끝내 거절했다.
급제	옛날 과거 시험에 붙는 일 예문 민 진사의 장남은 어린 나이에 ( )하여 벼슬길에 올랐다.
암행어사	임금이 몰래 보낸 비밀 조사관 예문 마을 사람들은 그가 ( )인 줄도 몰랐다.
출두	부름을 받고 정해진 곳에 나감 예문 증인들이 ( )하여 사건에 대해 이야기했다.
절개	어려운 상황에서도 지키는 바른 마음이나 믿음 예문 예로부터 사시사철 푸른 소나무는 선비의 ( )를 상징했다.
백년해로	부부가 오래도록 사이좋게 함께 살아감 예문 이웃집에 사는 할머니와 할아버지는 ( )의 좋은 본보기다.

작품 핵심 엿보기

〈춘향전〉은 남녀 간의 사랑을 다루고 있어.

그래서 **애정 소설** 또는 **염정 소설**이라고 한대.

예전에도 이런 소설이 있었다니 신기해. 나는 변학도의 온갖 협박에도 불구하고 절개를 지키는 춘향의 모습이 대단하더라.

몽룡을 진심으로 사랑한 거지.

한편으론 자신보다 신분이 높은 사람과 결혼해서 낮은 신분에서 벗어나고 싶었던 게 아닐까 하는 생각이 들었어.

맞아. 춘향의 엄마는 기생인데 몽룡은 암행어사까지 될 만한 집안의 아들이잖아.

그럼 이 작품은 **신분 상승의 욕구**까지 드러낸 거라고 볼 수 있겠다.

그러네. 그런가 하면 변학도는 볼수록 비호감이야.

사또라면서 백성의 삶에는 관심 없고, 허구한 날 기생이나 불러들여 놀다니….

힘없고 약한 백성들을 괴롭히고 자기 욕심만 채우던 관리를 **탐관오리**라고 한다지.

〈춘향전〉은 **조선 후기** 작품인데 그때 백성들도 참 힘들었을 것 같아.

그래도 왕의 명령을 받고 비밀리에 지방을 돌아다니며 수령의 잘못을 살피던 암행어사가 있어서 천만다행이야.

작품으로 질문 찾기

생각 질문

1. **춘향과 몽룡의 사랑**을 보며 어떤 생각이 드나요? 감상

2. 춘향은 변학도의 수청을 거절할 때 **어떤 마음**이었을까요? 감상+추론

3. 춘향처럼 누군가를 믿고 **기다려 본 적** 있나요? 적용

4. 오늘날에도 **암행어사**가 존재한다면 어떤 분야에 필요할까요? 적용

논술 질문

기생인 춘향과 양반인 몽룡이 혼인에 이른 것처럼
신분을 뛰어넘는 사랑은 정말 가능할까요?

진정 사랑한다면 신분을 뛰어넘을 수 있다.	VS	아무리 사랑해도 신분을 뛰어넘기 힘들다.

홍길동전

허균이 쓴 신분 차별을 극복한 영웅의 일대기

단숨에 읽기

어느 날 꾼 홍 판서와 몸종인 춘섬과의 사이에서 아들이 태어났다. 그 아이의 이름은 홍길동이었다.

그러나 길동은 서자*로 태어난 탓에 호부호형*조차 하지 못했다.

"아버지와 형님이 계시는데도 부를 수 없다니, 참으로 원통하도다!"

종들도 길동을 업신여기자 슬픔과 분노가 사무쳤다. 길동은 사내로 태어나 글공부로 벼슬을 못할 바에 전쟁하는 법을 익혀 나라를 위한 일을 하는 것도 나쁘지 않다고 생각했다.

그러던 중 홍 판서의 첩, 곡산모는 서자이면서 홍 판서의 사랑을 받는 길동을 미워하여 음모*를 꾸몄다. 자객*을 구해 길동을 죽이려고 했으나, 비범한 재주 가진 길동은 이를 피하고 만다.

길동은 스스로 결심했다.

"이대로 살 순 없어! 세상을 바꾸어야 해."

그는 집을 떠나 뜻이 맞는 사람들과 도적 무리를 이루었다. 그리고 활빈당*이라고 이름을 지었다. 길동은 축지법*으로 전국 팔도를 다니며 나쁜 수령들의 재물을 빼앗고 가난한 백성에게 나누어 주었다.

"우리가 훔친 게 아니라 되찾은 것이오."

백성들이 길동에게 환호할수록 조정*에서는 길동을 잡으려고 난리였다. 그러나 좀처럼 잡히지 않자 임금은 홍 판서와 아들 홍인형에게 길동을 데려오라고 명했다. 인형은 차마 동생을 잡아들일 수 없어 갈등하는데 오히려 길동이 명령에 순순히 응했다. 그런데 웬일인지 전국에서 또 다른 길동이가 모이더니 총 여덟 명이나 되었다. 진짜 길동을 찾느라고 난장판이 된 사이 진짜는 사라지고, 가짜 길동들만 남아 허수아비로 변했다.

위기에서 벗어난 길동은 활빈당을 이끌고 조선을 떠나 먼 섬으로 향했다. 그리곤 병사들을 모아 율도국*이라는 새로운 나라를 세웠다.

"이제 누구도 신분 때문에 차별받지 않는 나라를 만들겠소."

그는 율도국을 잘 다스리며 오랫동안 백성들과 평화롭게 살았다. 그리고 세상을 떠난 뒤, 아들이 왕위를 이었다. 홍길동이 꿈꾸던 나라는 그렇게 계속 이어졌다.

중심인물 프로필

홍길동

의로운 도적

성격 총명하고 재주가 많음

특징 서자로 태어난 탓에 온갖 차별을 당하지만 자신만의 길을 개척함

홍인형

의리 속 갈등자

성격 형제간에 우애가 깊음

특징 길동을 잡으라는 임금의 명에도 주저할 만큼 동생을 돕고 싶어 함

작품 속 어휘 쏙

작품에 나온 어휘의 뜻을 읽고 빈칸에 알맞은 어휘를 써 보세요.

서자	양반과 첩 사이에서 태어난 아들 예문 (　　　)는 아무리 총명하고 재주가 많아도 벼슬에 오를 수 없었다.
호부호형	아버지를 아버지라 부르고, 형을 형이라 부름 예문 조선 시대에는 서자라는 이유만으로 (　　　)이 금지되었다.
음모	몰래 나쁜 일을 꾸미는 계획 예문 왕을 몰아내려는 (　　　)가 은밀하게 진행되었다.
자객	다른 사람을 몰래 해치려고 보내는 사람 예문 병풍 뒤에는 좌의정을 죽이려는 (　　　)이 숨어 있었다.
활빈당	가난한 사람을 돕기 위해 도적이 된 무리 예문 (　　　)은 훔친 재물을 모조리 백성들에게 나누어 주었다.
축지법	땅을 짚고 한 번에 멀리 가는 신기한 기술 예문 도사는 (　　　)을 써서 산 너머로 금세 사라졌다.
조정	왕과 신하들이 나랏일을 의논하고 결정하는 곳 예문 (　　　)에서는 청나라와 관계를 두고 끊임없이 논쟁을 벌였다.
율도국	홍길동이 만든 새로운 나라 이름 예문 그는 신분 차별이 없고 인재를 소중히 여기는 (　　　)을 세웠다.

작품 핵심 엿보기

홍길동 하면 왜 '동에 번쩍, 서에 번쩍'이라고 하는지 알겠어!

축지법 같은 재주를 부리면서 눈 깜짝할 새 여기저기에서 나타나니 그럴 수밖에…. 임금도 못 잡잖아.

〈홍길동전〉을 **영웅 소설** 이라고도 한대.

탐관오리가 빼앗은 돈도 백성들에게 다시 돌려주잖아. 의로운 일을 잔뜩 하니 영웅이라 불릴 만해.

그런데 아무리 능력이 뛰어나도 신분 제도 때문에 번번이 벽에 부딪혀서 마음 아팠어.

본부인의 자식인 적자와 첩의 자식인 서자를 차별하는 **적서 차별** 때문에 길동이 뜻을 펼치기 힘들었지.

나라도 억울했을 것 같아.

조선 시대 사회 문제를 다루고 있어서 **사회 소설**이기도 해.

그거 알아? 〈홍길동전〉이 우리나라 최초의 **한글 소설**이래.

놀라운데? 옛날에는 대부분 한자로 썼잖아.

심지어 **허균**이라는 작가의 이름까지 전해지고 있어.

조선 시대에 한글로 쓴 소설을 지금 우리가 읽다니 참 신기해.

작품으로 질문 찾기

생각 질문

1. 홍길동이 가장 **힘들었을** 때는 언제일까요? 감상

2. 서자로서 홍길동이 받은 **차별**에 대해 어떻게 생각하나요? 감상+비판

3. 조정에서 홍길동을 잡아들이는 것 말고 **다른 방법**은 없었을까요? 감상+추론

4. 율도국은 과연 어떤 나라였을까요? 오늘날 우리가 사는 세상을 떠올리며 **이상적인 나라**의 모습을 생각해 보세요. 적용

논술 질문

탐관오리의 재산을 빼앗아 백성들에게 돌려주는 활빈당의 도적질은 정당할까요? 목적이 선하다면 어떤 행동이라도 괜찮을까요?

활빈당의 행동은 정당하다.	VS	활빈당의 행동은 정당하지 않다.

장끼전

어리석은 동물을 통해 꼬집는 가부장적 권위

단숨에 읽기

엄동설한*에 장끼가 아내 까투리와 함께 아홉 아들과 열두 딸을 데리고 굶주리는 형편이 되었다.

"아빠, 배고파서 참을 수가 없어요."

배가 고픈 아이들의 성화에 못 이겨 장끼 가족은 먹을 것을 찾아 나섰다. 그리고 큰 바위 골짜기에서 땅에 떨어져 있는 붉은 콩 한 알을 발견했다. 느낌이 이상한 까투리는 간밤의 불길한 꿈 이야기를 했다.

"여보, 간밤에 꾼 꿈을 생각하면 아무래도 수상한 것 같아요."

까투리는 자신이 꾼 꿈을 목이 달아날 일, 별 하나가 떨어질 일, 자신이 상복을 입을 일이라 해석하여 말리지만 장끼는 전혀 다른 태도를 보였다.

"여자가 뭘 안다고 그러시오! 모두 좋은 꿈이요."

장끼의 말에 의하면 자신이 옥황상제를 만나고, 문관*으로 장원 급제를 하여, 대장이 되어 명나라를 구원할 꿈이라고 했다.

끝내 고집을 피우던 장끼는 콩을 먹으려다가 그만 덫에 걸렸다. 덫에서 빠져나오려고 안간힘을 썼지만 헛수고였다. 장끼는 그제야 죽게 된 줄 알고 까투리에게 유언을 남겼다.

"내가 가문*이 변변치 않은 자네와 결혼해 이런 화를 당하는구려. 나는 이렇게 떠나지만, 당신은 절대로 개가*하지 말고 수절*하여 정렬 부인이 되시오."

장끼는 죽고 말았다. 얼마 후 덫의 임자, 탁 첨지가 나타나 장끼를 빼어 들고 가 버렸다. 까투리는 장끼의 깃털 하나를 주워 장례식을 치렀다.

까투리가 남편을 잃었다는 소식에 까마귀, 부엉이, 물오리가 조문*을 왔다. 그들은 앞다투어 까투리에게 청혼하며 자신과 결혼하는 것이 얼마나 좋은지 늘어놓았다.

하지만 까투리는 그 누구의 말에도 꿈쩍하지 않았다. 그러다 이웃집 홀아비* 장끼가 나타나 청혼하자 수절할 마음이 사라져 버리고 말았다. 재혼한 이들 부부는 아들딸을 모두 혼인시키고 명산대천*을 구경하다가 큰 물속으로 들어가 조개가 되었다.

중심인물 프로필

장끼

고집불통 답정너

성격 고집이 세고 어리석음

특징 아내의 충고에도 앞뒤 안 가리고 콩을 먹다가 죽음을 맞이함

까투리

신중한 예언가

성격 조심성이 많음

특징 장끼가 섣불리 콩을 먹으려 하자 꿈을 이야기하며 말림

작품 속 어휘 쏙

작품에 나온 어휘의 뜻을 읽고 빈칸에 알맞은 어휘를 써 보세요.

어휘	뜻과 예문
엄동설한	한겨울의 몹시 추운 날씨 예문 ( )에도 돌쇠는 매일 새벽에 나가 장작을 팼다.
문관	군대에서 무기를 다루지 않고, 행정·외교·기록 등을 맡는 관리 예문 그는 평생 ( )으로 나라의 기록을 정리했다.
가문	가까운 가족으로 이루어진 집단이나 그 사회적 지위 예문 예로부터 전주 이씨는 학자를 많이 배출한 ( )으로 유명했다.
개가	남편이 죽거나 이혼하여 다른 남자와 다시 결혼함 예문 과거에는 ( )를 부정적으로 보는 시각이 강했다.
수절	과부가 다른 남자와 결혼하지 않고 정절을 지키는 일 예문 전통 사회에서는 ( )이 미덕으로 여겼다.
조문	남의 죽음을 슬퍼하며 찾아가 인사하는 일 예문 초상집은 새벽까지 ( ) 온 사람들로 발 디딜 틈 없었다.
홀아비	아내를 잃고 혼자 지내는 남자 예문 박 서방은 장가를 들라는 주위의 조언에도 ( )로 늙었다.
명산대천	경치가 빼어난 유명한 산과 큰 강 예문 부부는 방방곡곡 전국의 ( )을 여행했다.

작품 핵심 엿보기

장끼와 까투리는 어떻게 부부가 된 걸까? 달라도 너무 다르잖아.

꿩을 인간처럼 의인화해서 그게 더 잘 느껴졌지. 이 작품도 **우화 소설**이거든.

앞에서 배웠던 〈토끼전〉처럼?

맞아. 시대적 분위기나 상황 때문에 마음껏 현실을 비판할 수 없을 때는 우화 소설이 효과적이야.

〈장끼전〉이 **판소리계 소설**이라고도 하던데?

판소리계 소설이 가진 특징 중에 하나는 특정 장면을 집중적으로 보여 주는 거야. 콩을 두고 벌이는 말다툼처럼 말이야.

난 그 부분을 읽고 남자가 여자를 무시한다는 느낌이 들었어.

왜 그렇게 생각했어?

까투리가 아무리 말려도 장끼가 고집을 부렸잖아. 결국 덫에 걸려 죽기나 할 텐데….

남자는 존중하고 여자는 낮추어 보는 당시 **남존여비 사상**이 반영된 거지.

여자가 재혼하는 것도 안 좋게 봤나 봐. 그런데 까투리가 장끼의 유언을 뒤집고 개가할 땐 얼마나 통쾌하던지!

조선 시대에는 여성의 재혼을 금지했대. 엄연한 차별이지.

작품으로 질문 찾기

생각 질문

1. 장끼의 행동 중 **잘못된** 것은 무엇인가요? 감상+비판

2. 여러분이 **장끼라면** 까투리가 콩을 먹지 말라고 말릴 때 어떻게 했을까요? 적용

3. 당시 **여성의 재혼**을 금지했다는 점을 통해 무엇을 알 수 있나요? 추론

4. 조선 시대에는 왜 **여성을 무시**하는 분위기가 있었을까요? 추론

논술 질문

살아가면서 좀처럼 판단하기 어려운 상황에 놓이면
어떻게 하는 것이 바람직할까요?

남의 말을 잘 들어야 한다. VS 자신의 생각대로 행동해야 한다.

두껍전

동물을 통해 꼬집는 몰락해 가는 양반과 상인의 갈등

단숨에 읽기

중국 명나라 옥포산에 장 선생이라 불리는 노루가 살고 있었다. 장 선생은 승록대부라는 높은 벼슬을 얻어 축하 잔치를 열기로 하고 숲속 짐승들을 초대했다.

잔치가 시작되자 사슴, 여우, 원숭이, 승냥이, 고슴도치, 오소리, 두더지, 수달, 두꺼비 등이 앞서거니 뒤서거니 하며 들이닥쳤다. 그러다 이내 서로 상좌*를 앉겠다며 다투었다.

"내 일찍이 들으니 조정에서는 벼슬이 제일이요, 마을에서는 나이가 최고이니, 우리도 나이에 따라 자리를 정합시다."

토끼의 제안에 자리 싸움은 여우와 두꺼비의 설전*으로 이어졌다. 여우는 두꺼비보고 나이가 많으면 구경한 곳이 많을 테니 이야기를 들려 달라고 했다.

"내가 구경한 곳들은 이루 헤아릴 수 없을 정도요. 그러니 먼저 말해 보시오."

이에 여우는 자신이 본 중국의 다섯 산과 무릉도원*, 유적지*를 말했다. 모두 지어낸 이야기였다.

"나만큼 세상을 많이 아는 자도 없을 걸세."

두꺼비는 자신의 나이가 많음을 증명하기 위해 그간 보고 들은 모든 것을 이야기했다. 지구 밖에서 경험한 이야기부터 삼국지 인물, 진시황 등 여러 인물에 대한 지식을 늘어놓았다. 또 천문법* 이야기, 음양*의 법칙을 따르며 집을 지어야 한다는 이야기, 인간은 오륜*을 지켜야 한다는 이야기, 관상* 이야기 등 끝없이 이어지는 이야기에 다들 감탄했다.

여러 번 두꺼비를 이기려고 해도 뜻대로 되지 않자, 여우가 말했다.

"그런데 두꺼비님의 등껍질은 왜 이리 우둘투둘 못생겼나요?"

그러더니 등이 굽고 목이 움츠러든 것, 턱 모양 등에 대해 물으며 두꺼비의 외모를 지적했다.

그러자 두꺼비는 여우더러 어른을 몰라본다며 호통쳤고, 결국 여우는 부끄러워 도망치고 말았다. 남은 동물들은 술잔을 기울이며 자리를 마무리했다.

중심인물 프로필

두꺼비

말발 강한 전략가

성격 아는 것이 많고 논리적임

특징 상황에 맞게 지식을 풀어내어 자신이 상좌에 앉아야 하는 이유를 설득함

여우

허세 가득 토론가

성격 욕심이 많고 어리석음

특징 높은 자리를 차지하기 위해 거짓말을 하고 두꺼비의 외모까지 공격함

장 선생

점잖은 지도자

성격 예의와 체면을 따짐

특징 높은 벼슬을 받고 잔치를 벌이며 숲속 동물들을 초대함

토끼

합리적인 중재자

성격 이성적임

특징 짐승들끼리 자리를 두고 다툴 때 나이 순서대로 앉자며 해결책을 제시함

작품 속 어휘 쏙

작품에 나온 어휘의 뜻을 읽고 빈칸에 알맞은 어휘를 써 보세요.

상좌	윗사람이 앉는 높은 자리 예문 잔치가 시작되자 주인공을 (　　　　)로 안내했다.
설전	말로 옳고 그름을 서로 다툼 예문 두 친구는 사소한 문제로 (　　　　)을 벌였다.
무릉도원	인간 세상을 떠난 평화롭고 아름다운 곳 예문 봄이 되면 섬은 온통 꽃으로 가득해서 (　　　　)에 온 듯했다.
유적지	옛사람들의 생활이나 문화를 알 수 있는 건물, 도구 등이 남아 있는 곳 예문 (　　　　)에서 나온 돌무더기로 성벽이 있었다는 사실을 추측했다.
천문법	해, 달, 별의 움직임을 관찰해서 계산하는 방법이나 법칙 예문 (　　　　)을 통해 농사 시기를 미리 정했다.
음양	모든 사물은 서로 반대되는 두 기운으로 이루어짐을 나타내는 것 예문 한옥은 (　　　　)의 원리를 따라 지어진다.
오륜	유교에서 말하는 사람이 지켜야 할 다섯 가지 도리 예문 옛사람들은 (　　　　)을 중요한 예절로 가르쳤다.
관상	사람의 생김새를 보고 성격이나 운명 등을 판단하는 일 예문 그는 내 (　　　　)을 보더니 장수할 상이라고 했다.

작품 핵심 엿보기

풍자 소설 한 편 제대로 읽었어!

상좌를 둘러싸고 동물들끼리 서로 나이를 자랑하는 과정이 흥미진진했지.

특히 여우가 갖은 꾀를 내는 모습이 어찌나 눈물겹던지….

결국 망신만 당했잖아. 난 두꺼비가 여우에게 먼저 말을 시키고 나서 약점을 되받아치는 재치에 깜짝 놀랐어.

오래 산 두꺼비의 지혜만큼은 최고라는 뜻이지.

여우가 장유유서 정신을 배웠더라면 두꺼비를 공경할 줄 알았을 텐데 아쉽네.

그러게 말이야. 나는 두꺼비를 보며 앎은 곧 힘이라는 권학 사상이 떠올랐어.

<두껍전>이 쓰인 조선 후기에도 견문이나 지식을 중요하게 여겼나 봐.

넓은 세상에 대한 경험이 많은 사람이야말로 진정한 어른이라고 말하는 것 같달까?

나도 무언가를 이루기 위해선 말과 지혜가 더 가치 있다는 사실을 깨달았어.

그러고 보니 동물을 주인공으로 내세워 인간 세상을 보여 주는 우화 소설이잖아?

당시 시대를 생각하면 여우는 몰락해 가는 양반이고, 두꺼비는 재산을 모아 지위가 높아진 상민 같아.

작품으로 질문 찾기

생각 질문

1. <두껍전>에서 가장 **흥미로운** 장면은 어디인가요? 감상

2. 여러분은 어떤 사람이 진짜 '**어른**'이라고 생각하나요? 적용

3. 여우가 상좌를 얻기 위해 **거짓말**을 일삼는 것에 대해 어떻게 생각하나요? 감상+비판

4. 여우가 **두꺼비의 외모**를 놀리는 것에 대해 어떻게 생각하나요? 감상+비판

논술 질문

지식과 경험 중
어느 것이 더 많은 사람을 어른이라고 할 수 있을까요?

지식이 많아야 어른이다.	VS	경험이 많아야 어른이다.

장화홍련전

억울하게 누명을 쓰고 죽은 자매의 한

단숨에 읽기

철산이라는 고을*에 배 좌수*가 살고 있었다. 자식이 없던 그는 뒤늦게 장화와 홍련을 얻었다. 두 아이는 부모를 잘 섬기는 착한 딸들이었다. 그런데 얼마 후 배 좌수의 아내가 병으로 세상을 떠났다.

배 좌수는 대*를 잇기 위해 허씨를 두 번째 아내로 맞이했다. 그러나 후처*는 전실*의 딸인 두 아이를 못마땅하게 여겼다.

"저 아이들만 없으면 내 아들이 이 집을 차지할 텐데…."

허씨는 틈만 나면 장화와 홍련을 구박했지만, 배 좌수는 아무것도 알지 못했다.

시간이 지나 허씨는 세 아들을 낳았다. 자신의 아이에 대한 사랑이 깊어지는 만큼, 장화와 홍련에 대한 미움은 갈수록 커졌다.

어느 날 허씨는 죽은 쥐를 장화의 이불에 넣었다. 그러곤 장화가 혼인도 하기 전에 아기를 낳았는데 잘못되었다며 배 좌수를 속였다. 그 말을 믿은 배 좌수는 아들 장쇠를 시켜 장화를 연못에 빠뜨려 죽게 했다.

"홍련아, 나 정말 억울하게 죽었어."

꿈속에 장화가 나타나 홍련에게 모든 사실을 알려 주었다. 홍련은 장화가 죽은 연못을 찾아가 따라 죽고 만다.

죽은 자매는 원귀*가 되어 고을에 오는 부사*들 앞에 나타났다. 그러나 놀란 그들은 하룻밤을 넘기지 못하고 죽었다. 또 새로운 부사가 왔다.

"소녀는 이 고을에 사는 배 좌수의 딸 홍련이에요. 저와 언니는 억울하게 죽고 말았어요. 부디 저희 이야기를 들어 주세요."

홍련은 그간 있었던 일을 털어놓았다. 부사는 즉시 배 좌수 부부를 조사했고, 장화가 낳았다는 아기가 쥐임을 알아냈다. 이에 계모 허씨와 아들 장쇠를 벌했다. 그리고 배 좌수는 풀어 주었다. 연못에서 장화와 홍련의 시신을 꺼내어 정성스럽게 장례도 치러 주었다. 그날 밤 부사의 꿈에 두 아이가 나타났다.

"저희의 원한*을 풀어 주셔서 감사드려요. 앞으로 부사님의 일이 잘되기를 바랄 거예요."

이후 부사는 높은 벼슬까지 올랐고, 배 좌수는 세 번째 부인 윤씨를 맞이했다. 장화와 홍련은 배 좌수의 꿈에 나타나 못다 한 인연으로 인해 다시 한번 세상에 나가 부녀의 인연을 맺을 거라 말했다. 실제 윤씨는 쌍둥이 딸을 낳아 장화와 홍련이라고 이름을 지었다.

중심인물 프로필

장화

굳센 맏딸

성격 진실을 알리는 데 적극적임

특징 허씨 때문에 억울하게 죽어서 누명을 벗고자 홍련 앞에 나타남

홍련

언니 따라 의리녀

성격 언니에 대한 정이 두터움

특징 세상을 떠난 언니를 그리워하다 죽음을 맞이함

배 좌수

눈먼 허수아비

성격 가정과 체면을 중요하게 여김

특징 허씨의 말에 속아 두 딸을 죽게 만듦

허씨

잔인한 계략가

성격 욕심이 많고 악독함

특징 배 좌수의 재산을 차지하기 위해 장화와 홍련을 괴롭힘

작품 속 어휘 쏙

작품에 나온 어휘의 뜻을 읽고 빈칸에 알맞은 어휘를 써 보세요.

고을	옛날에 쓰던 행정 구역으로, 사람들이 모여 사는 마을이나 지역 예문 남쪽에 있는 작은 ( )은 산과 강이 어우러져 풍경이 아름다웠다.
좌수	조선 시대 때 지방 관리이자, 고을을 다스리던 사람 예문 윤 ( )는 백성들의 이야기를 들으며 문제를 해결해 주었다.
대	아버지-아들-손자 등으로 이어지는 핏줄 흐름 예문 우리 집은 할아버지 때부터 ( )를 이어 떡을 만들었다.
후처	먼저 결혼한 아내가 세상을 떠나거나 이혼한 뒤에 맞이한 아내 예문 김 영감은 첫 부인이 세상을 떠난 뒤 ( )를 맞이했다.
전실	본처, 즉 처음 맞이한 아내 예문 그는 ( )에게 태어난 아이를 정성으로 키웠다.
원귀	억울하게 죽어서 원한을 풀지 못하고 떠도는 귀신 예문 밤마다 억울하게 죽은 ( )가 나타났다.
부사	조선 시대에 고을이나 지역의 벼슬아치로, '사또'보다 높은 경우도 있었음 예문 마을의 억울한 사건을 해결하기 위해 심 ( )가 직접 나섰다.
원한	마음속에 깊이 맺힌 원통하고 분한 마음 예문 범인은 ( ) 때문에 나쁜 짓을 저질렀다며 자백했다.

작품 핵심 엿보기

얼마나 억울했으면 귀신이 되어 나타났을까?

그러니까 말이야. 이렇게 한 가정 안에서 일어난 비극을 그린 이야기를 **가정 소설**이라고 해.

고전 소설을 보면 계모가 은근히 많이 등장하는 것 같아.

심지어 못된 인물로 나오잖아.

실제 대부분의 계모가 포악하기도 했지만 당시 사회가 계모를 인정하지 않았대. 후처라도 결혼했으면 아내로 대해야 하는데 그렇지 않은 거지.

가문의 대를 이을 아들을 낳았는데도?

응, 아무리 아들을 낳아도 후처에 대한 대접이 좋지 못하니 허씨도 불안했을 거야.

나중에 허씨와 장쇠는 크게 벌을 받는데 친아버지인 배 좌수만 순순히 풀어 준 게 이상해.

조선 세종 때에는 **가부장제**가 있었대. 배 좌수는 가정을 지켜야 하는 한 집안의 가장인 '가부장'이잖아. 남성을 주로 대우해 주는 사회인 데다 가부장이다 보니 벌주지 못한 거지.

남성 중심의 사회였다니…. 장화가 허무하게 죽은 것도 관련이 있을까?

결혼하지 않았는데 아이를 낳았다고 한다면 가문의 수치로 생각했을 거야.

여성의 정절을 중요하게 여기는 시대라지만 죽음으로 몰고 가는 건 너무해!

작품으로 질문 찾기

생각 질문

1. 홍련이 언니를 따라 **죽음을 선택**한 이유는 무엇일까요? 감상+추론

2. 배 좌수의 행동 중, **문제**가 되는 것은 무엇인가요? 감상+비판

3. 장화와 홍련이 **환생**했다는 것은 어떤 의미일까요? 감상+추론

4. 억울한 일을 당했을 때 **진실**을 밝혀야 한다면 그 이유는 무엇일까요? 적용

논술 질문

두 딸을 죽음으로 내몰았는데도 불구하고
가장이라는 이유로 벌을 받지 않은 배 좌수는 정말 잘못이 없을까요?

배 좌수도 벌을 받아야 한다.	VS	배 좌수는 벌을 받을 필요가 없다.

옹고집전

자신만 아는 고집불통 부자를 향한 통쾌한 참교육

단숨에 읽기

옹당 마을에 한 사람이 살았으니 성은 옹이요, 이름은 고집이었다. 옹고집은 부자였으나 이름처럼 고집이 보통 센 것이 아니었다. 다른 사람의 말은 전혀 듣지 않았으며 남 잘되는 꼴도 보질 못했다.

옹고집에게는 여든 살이나 된 노모*가 있었지만 돈이 아까워 제대로 봉양*하지 않았다. 차가운 방에 둔 채 약도 지어 드리지 않고 제대로 된 음식 한 번 차리지 않았다. 그저 하루 두 끼 죽만 줄 뿐이었다.

어느 날 한 스님이 옹고집을 찾아왔다.

"시주하시오. 그러면 당신은 극락세계*로 갈 수 있소이다."

머슴이 나와 여기서 이러면 죽도록 맞을 수도 있으니 어서 가라고 일렀다. 그럼에도 스님은 염주*를 굴리며 목탁*을 두드렸다. 결국 옹고집이 뛰어나와 불같이 화를 내며 스님을 몽둥이로 두들겨 팼다.

이 소식을 들은 도승*은 옹고집의 못된 버릇을 고칠 방법을 고민했다. 그리곤 동자승에게 볏짚을 가져오라고 하여 허수아비를 만들었다. 도승이 부적*을 붙이는 순간, 허수아비가 옹고집과 똑같은 모습으로 변했다. 누가 봐도 영락없는 옹고집이었다.

가짜 옹고집은 진짜 옹고집의 집으로 가서 하인들에게 소여물을 주라고 말했다. 때마침 집에 온 진짜 옹고집이 가짜 옹고집을 끌어내라고 소리쳤다. 가짜 옹고집과 진짜 옹고집은 서로 자기가 진짜라며 다투었고, 가족과 하인들은 똑같이 생긴 두 사람의 모습에 혼란스러웠다.

결국 동헌*의 원님을 찾아갔다.

"사또, 누가 진짜인지 가려 주십시오!"

원님은 옷을 벗겨 보거나 조상 이름을 읊어 보라고 했지만 진짜를 밝히기 쉽지 않았다. 그러던 중 원님이 살림살이를 말해 보라고 하자, 가짜가 더 자세히 답하는 것이 아닌가! 그렇게 사람들은 가짜 옹고집을 진짜라고 믿게 되었다.

진짜 옹고집은 곤장을 맞고 마을에서 쫓겨났다. 거지 신세가 되어 남의 집에서 빌어먹게 된 진짜 옹고집은 죽으려고 벼랑 끝에 올랐다. 그때 도승이 나타났다. 진짜 옹고집은 도승에게 다시 집으로 돌아갈 수 있다면 늙은 어미와 스님을 구박하지 않겠다고 약속했다.

도승은 기회를 주겠다며 부적을 주었다. 집으로 돌아간 진짜 옹고집이 가짜 옹고집의 이마에 부적을 붙이자 가짜 옹고집은 허수아비로 변했다. 그 이후로 옹고집은 새 사람이 되어 가족들과 잘 살았다.

중심인물 프로필

옹고집

고집불통 끝판왕

성격 심술 맞고 인색함

특징 자신의 어머니에게 불효를 저지르고 시주를 받으러 온 스님을 괴롭힘

도승

단호한 심판자

성격 선과 악에 대해 분명함

특징 못된 옹고집을 혼쭐 내기 위해 도술을 부려 가짜 옹고집을 만듦

작품 속 어휘 쏙

작품에 나온 어휘의 뜻을 읽고 빈칸에 알맞은 어휘를 써 보세요.

노모	늙은 어머니를 높여 이르는 말 예문 그는 병든 ( )를 정성껏 모셨다.
봉양	웃어른을 받들어 모심 예문 자식으로서 부모를 ( )하는 것은 당연한 도리이다.
극락세계	불교에서 괴로움이 없는 이상적인 세계 예문 착한 일을 하면 죽은 뒤 ( )에 간다고 믿었다.
염주	불교에서 기도할 때 손에 쥐고 돌리는 구슬 예문 스님이 ( )를 굴리며 기도했다.
목탁	불교 의식 때 두드리는 나무로 만든 악기 예문 절 안에서 ( ) 소리가 규칙적으로 울려 퍼졌다.
도승	높은 덕과 수행을 쌓은 스님 예문 ( )의 가르침에 많은 사람이 감동했다.
부적	귀신, 재앙을 막기 위해 글씨를 쓰거나 그림을 그려 붙이는 종이 예문 아이들이 나쁜 꿈을 꿀까 봐 베갯속에 ( )을 넣어 두었다.
동헌	조선 시대 수령이 나랏일을 보던 관청 건물 예문 농부는 ( )을 찾아가 자신의 결백을 호소했다.

작품 핵심 엿보기

있는 사람들이 더하다는 말이 괜히 나온 게 아니야!

부자인데도 주위에 베풀지 않고 욕심만 차리다니 고약해.

난 언제고 옹고집이 크게 혼쭐날 줄 알았지.

이런 작품을 읽으면 **권선징악**의 교훈을 믿게 돼.

시대적 배경이 **조선 시대**라는 점을 생각해 보면 그보다 더 깊은 뜻이 있어.

조선 시대가 **유교 사상**을 중요하게 여긴 것과 관련이 있을까?

맞아. 부모에게 마땅히 해야 할 효도조차 하지 않잖아.

부모에 대한 **효**를 으뜸으로 생각했던 당시의 사회 질서를 어지럽힌 인물이라고도 볼 수 있겠어.

자신의 잘못을 뉘우치고 나서야 도승의 용서를 받은 것을 보면 **도덕이나 인정을 저버린 사람을 향한 풍자** 같아.

그러고 보니 〈흥부전〉의 놀부와 닮았네!

심술 맞고 인색하다는 것이 공통점이지.

나는 절대 저렇게 안 살래.

작품으로 질문 찾기

생각 질문

1. 옹고집이 노모를 제대로 **돌보지 않은** 이유는 무엇인가요? 감상

2. 도승이 **가짜 옹고집**을 만든 까닭은 무엇일까요? 감상+추론

3. 여러분이라면 진짜 옹고집, 가짜 옹고집을 **구별하기 위해** 어떤 방법을 썼을까요? 적용

4. 여러분의 주변에도 **옹고집 같은** 사람이 있나요? 적용

논술 질문

자식은 나이 든 부모를 반드시 돌봐야 할까요?

나이 든 부모를 돌보지 않는 것은 불효이다.	VS	나이 든 부모를 돌보지 못할 수도 있다.

수준2

핵심 요약 독서

허생전　양반전　박씨전　박문수전　금방울전

호질　전우치전　사씨남정기　운영전　규중칠우쟁론기

허생전

실학자 박지원이 쓴 겉만 번지르르한 사대부의 위선

단숨에 읽기

남산 아래 묵적골 허름한 집에 허생이라는 선비가 살았다. 그는 매일 방에 들어앉아 글만 읽어 가난하기 짝이 없었다. 아내의 삯바느질로 겨우 입에 풀칠만 하는 처지였다. 답답한 아내가 무엇이라도 하라고 다그치니 허생은 장인바치* 일은 배우지 못해 못 하고, 장사는 돈이 없어 할 수 없다고 했다. 그러자 아내는 어디 가서 도둑질이라도 하라며 화를 냈다.

허생은 글 읽기로 계획했던 10년을 채우지 못함을 아쉬워하며 거리로 나섰다. 이내 마을에서 가장 돈이 많은 변 부자를 찾아가 만 냥을 빌려 달라고 했다. 변 부자는 이 사람이 보통은 아니라 생각하며 선뜻 돈을 내주었다.

허생은 곧장 안성으로 내려가서 변 부자한테 빌린 돈으로 과일을 모조리 샀다. 오래지 않아 사람들이 잔치나 제사에 쓰일 과일을 얻지 못해 난리가 났다. 허생은 이때 몇 배의 돈으로 과일을 되팔아 돈을 벌었다. 다음에는 칼, 괭이, 무명 등을 사들여 제주도로 건너가서 같은 방법으로 그것들을 팔았다. 이번에는 말총*을 죄다 샀다. 얼마 후 말총으로 만드는 망건 값이 열 배로 뛰어올랐다. 이렇게 그는 매점매석*으로 큰돈을 벌게 되었다.

그 무렵, 변산 지방에 수천 명의 도둑이 나타났다. 허생은 도둑들을 찾아가 돈을 주면서 그들의 아내와 소 한 마리씩 데려오라고 한 뒤 어느 빈 섬으로 같이 들어갔다. 섬은 땅이 기름져서 먹을 것이 풍부했다. 그렇게 마을을 만든 허생은 은 오십만 냥을 바다에 뿌리며 말했다.

"내 말 들어라. 아이를 낳거든 오른손으로 수저를 들게 하고, 서로 양보하는 법을 가르쳐야 한다. 또한 글은 모든 화의 근원이니 글을 아는 자는 나와 함께 이 섬을 나가자."

그러더니 변 부자를 찾아가 십만 냥을 주었다. 변 부자는 허생의 재주가 아깝다고 생각하여 때마침 나랏일로 고민하는 어영대장 이완에게 허생을 추천했다.

조정에서 어진 인물을 찾는 중이라는 이완의 말에 허생은 와룡 선생을 소개할 테니 임금에게 삼고초려*를 하라고 했다. 이완이 어렵다 하니, 허생은 조선에 와 있는 청나라 사람들에게 종실* 여인들을 시집보내고, 공신*들의 재산을 털어 나누어 주라고 청했다. 이어서 사대부*의 자제들을 청나라로 유학 보내라고 했지만 이완은 그마저도 안 된다고 거절했다. 그러자 허생은 버럭 화를 냈다.

"사대부라는 놈들이 자꾸 예법*만 찾느라고 이것도 저것도 못 하겠다고 하면서 뭘 충신이라고 하느냐!"

다음날 이완이 다시 허생을 찾았으나 어디로 갔는지 사라지고 없었다.

중심인물 프로필

허생

기발한 사색가

성격 권력에 굴하지 않고 당당함

특징 경제적으로 무능력했으나 장사를 통해 큰 돈을 벌며, 허세에 찬 사대부를 비판함

허생 아내

현실 살림꾼

성격 생활력이 강하고 현실적임

특징 글만 읽는 남편을 대신하여 바느질로 생계를 유지함

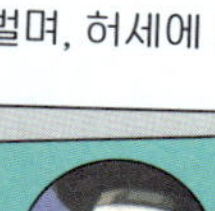

이완

대쪽 같은 보수파

성격 낡은 예법을 중요하게 여김

특징 허생이 나라를 지킬 방법을 알려 주지만 모두 거부함

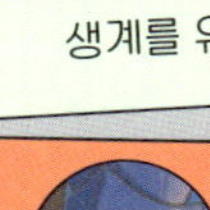

변 부자

통 큰 후원자

성격 배포가 큼

특징 허생의 비범함을 알아보고 큰돈을 빌려줌

작품 속 어휘 쏙

작품에 나온 어휘의 뜻을 읽고 빈칸에 알맞은 어휘를 써 보세요.

장인바치	손으로 물건을 만드는 사람 예문 (　　　　)가 만든 장신구는 양반들 사이에서 인기가 많았다.
말총	말의 갈기나 꼬리털 예문 조선 시대에는 (　　　　)으로 망건을 만들었다.
매점매석	물건을 한꺼번에 많이 사들여서 값을 올려 되파는 일 예문 일부 상인이 쌀을 (　　　　)하여 큰돈을 벌었다.
삼고초려	뛰어난 인재를 얻기 위해 최선을 다함 예문 훌륭한 학자를 얻으려면 (　　　　)의 정신으로 설득해야 한다.
종실	임금의 집안이나 친척 예문 왕이 죽자 (　　　　)의 어른인 대왕대비가 권력을 휘둘렀다.
공신	나라에 큰 공을 세운 신하 예문 나라를 위해 헌신한 (　　　　)에게 토지와 벼슬을 내렸다.
사대부	고려·조선 시대 때 벼슬아치와 신분이 높은 사람 예문 (　　　　)들은 학문을 즐기며 예절을 지키는 것을 중요하게 여겼다.
예법	예절과 법도를 합친 말 예문 훈장은 제자들에게 절하는 (　　　　)부터 엄격하게 가르쳤다.

작품 핵심 엿보기

허생도 참 대단해. 가장이 되어 가정 살림은 어찌 되든 나 몰라라 하다니….

그러다 조선 경제까지 뒤흔들 줄 누가 알았을까?

물건을 사재기해서 큰돈을 버는 허생의 모습을 보고 상업의 가능성을 엿봤어.

그만큼 **조선 후기** 경제가 취약했다는 뜻이야.

〈허생전〉은 **실학자 박지원**이 썼다면서?

응, 농사만 중요하게 생각한 당시 사회를 비판하면서 백성들의 생활을 이롭게 하기 위해선 **상업**과 **공업**을 발전시켜야 한다고 주장했대.

그런데 허생은 왜 빈 섬으로 도둑들을 데려갔을까?

심지어 아내와 소, 밭까지 마련할 수 있도록 도와주잖아.

지배층의 무능함을 비판하면서 가난이 도둑을 만든다는 걸 말하고 싶었던 거지.

아하~ 그래서 이상적인 사회를 만들고 싶었나 봐.

나는 이완 같은 사대부들이 나라를 바꿀 의지가 없다는 게 화났어.

체면이나 예법에만 얽매이는 무능한 양반들이란…. 백날 **허례허식**만 챙기면 뭐 한담!

작품으로 질문 찾기

생각 질문

1. 가난한데 글만 읽는 **허생의 모습**은 어떻게 보이나요? 감상+비판

2. 허생이 **매점매석**으로 큰돈을 벌 수 있었던 까닭은 무엇일까요? 감상+추론

3. '**글은 모든 화의 근원**'이라는 허생의 말은 어떤 뜻일까요? 감상+추론

4. 오늘날에도 허생처럼 **새로운 방식**으로 돈을 번 사례가 있다면 무엇이 있을까요? 적용

논술 질문

아내의 성화에 집을 나가 조선 사회를 뒤흔든 허생을 떠올려 볼 때, 학문과 실천 중 무엇이 더 중요할까요?

학문이 중요하다. VS 실천이 중요하다.

양반전

실학자 박지원이 쓴 신분을 사고파는 부자와 양반의 기막힌 모습

단숨에 읽기

강원도 정선에 한 양반이 살고 있었다. 그는 성품이 어질고 글공부를 좋아했다. 그런데 글만 읽다 보니 가난하여 관가*에서 꿔다 먹은 곡식만 해도 천 섬이 넘었다.

어느 날 강원도 관찰사*가 정선에 들렀다가 곡식 장부를 보고 크게 화를 냈다. 군수*가 양반을 찾아갔지만 그는 밤낮으로 울기만 하면서 어찌할 바를 몰랐다.

한편 마을에는 돈을 많이 모았지만 양반이 아닌 부자가 있었다. 그는 양반은 가난해도 대접을 받는데, 자신은 그렇지 못함을 안타까워했다.

"마침 한 양반이 가난해서 곡식을 갚지 못하고 양반이란 신분마저 지킬 수 없게 된 모양이니 내가 이것을 사서 가지겠다."

부자는 양반을 찾아가 빌린 곡식을 대신 갚아 주겠다고 청했다. 양반은 기뻐하며 받아들였다. 부자는 바로 쌀 천 섬을 관가에 바치고 양반에게 양반 족보*와 호패*를 받았다.

사정이 궁금한 군수가 양반 집에 찾아갔다.

"소인 집에 어쩐 일로…."

양반은 자신을 '소인'이라 부르며 초라해진 행색을 보였다. 상황을 전해 들은 군수는 부자를 칭찬하며 직접 양반 매매 계약서를 써 주겠다고 했다. 이내 백성들을 모아 놓고 문서 내용을 읽었다.

"이 문서는 양반이 신분을 팔아 관가에 빚진 나라 곡식 천 섬을 갚은 것에서 시작한다. 글을 읽는 선비*, 조정에 나가는 대부*, 덕이 있는 군자*를 양반이라 하는데 이중 마음대로 골라도 좋다.

그런데 양반이 되면 천한 일을 하지 말아야 한다. 옛사람들의 뜻을 받들어 고상하게 지내야 하며, 새벽이 되면 등잔불을 켜고 발꿈치를 괴고 앉아 책을 읽어야 한다. 배고픔과 추위도 참아야 하고 가난하다는 말을 내뱉어선 안 된다. 긴 소리로 종을 불러야 하고, 걸음은 느릿해야 한다. 또한 매일 선비의 글을 한 줄에 백 자씩 깨알같이 써야 한다. 손으로 돈을 만지지 말고, 쌀값도 묻지 말아야 한다. 아무리 더워도 버선을 벗어선 안 되며, 갓을 벗고 밥을…."

이야기를 듣던 부자의 얼굴이 점점 굳어졌다. 군수는 이어 갔다.

"가난하여 시골에 살더라도 모든 것을 자기 마음대로 해도 된다. 이웃 소를 가져다가 내 논을 먼저 갈게 하고 마을 농부를 불러 내 밭 김을 매게 해도 된다. 그리고…."

결국 부자는 양반이 도둑질하는 사람이냐며 머리를 내젓고는 관가를 빠져나갔다. 그리고 죽을 때까지 '양반' 소리는 꺼내지도 않았다.

중심인물 프로필

양반

현실 몰라 책벌레

성격 학식과 인품이 뛰어남

특징 빌린 쌀을 갚기 위해 부자에게 양반 신분을 팔 정도로 무능력함

부자

신분 상승 꿈나무

성격 신분에 대한 열등감이 있음

특징 돈으로 양반이 되려고 하지만 말도 안 되는 양반의 모습에 포기함

작품 속 어휘 쏙

작품에 나온 어휘의 뜻을 읽고 빈칸에 알맞은 어휘를 써 보세요.

관가	고을의 일을 맡아보던 관청 예문 백성들은 세금이 너무 무겁다며 (　　　　)로 찾아와 울부짖었다.
관찰사	조선 시대에 각 도(道)를 다스리던 벼슬아치 예문 (　　　　)는 부패한 관리가 있다는 보고를 받고 즉시 조사에 나섰다.
군수	한 고을을 다스리던 벼슬아치 예문 (　　　　)는 추운 겨울을 대비해 집집마다 땔감을 나누어 주었다.
족보	한 집안의 조상과 후손들의 이름, 관계를 적은 책 예문 (　　　　)를 보면 자신의 뿌리가 어디에서 시작되었는지 알 수 있다.
호패	조선 시대에 신분을 증명하던 패 예문 (　　　　)는 조선 시대의 주민등록증이었다.
선비	글을 읽고 학문을 닦던 사람 예문 (　　　　)는 과거 시험을 보러 한양으로 떠났다.
대부	벼슬에 올라 나라의 일을 맡던 사람 예문 임금은 충직한 (　　　　)를 가까이 두었다.
군자	지식이 높고 어진 사람 예문 (　　　　)란 모름지기 학문을 게을리하지 않고 덕이 높아야 한다.

작품 핵심 엿보기

아니, 얼마나 꿔다 먹었으면 빚이 천 섬을 넘을 수 있지? 갚을 힘이 없다면 일이라도 해야지!

무능한 양반의 전형적인 모습이야.

이 작품이 **조선 후기**에 쓰였다던데 당시 사회가 그랬다는 거잖아?

맞아. 양반 문서 내용을 보니까 정말 가관이더라.

양반으로서 지켜야 할 의무나 생활 태도에서 체면은 또 어찌나 따지던지….

아무 일도 하지 않으면서 마을 농부를 데려다 자기 밭을 매게 하라니 양반한텐 특권이지만, 백성들에게는 횡포라고!

부자도 도둑놈이라고 비판하잖아.

양반의 위선적인 모습을 꼬집기 때문에 **풍자 소설**로 볼 수 있어.

오죽했으면 부자가 양반 신분을 사려다 포기했을까!

그러고 보니 조선 시대는 계급 사회인데 신분을 사고파는 게 가능했나?

아마 신분 제도가 많이 무너졌나 봐. 〈양반전〉 속 양반처럼 무늬만 양반인 사람도 있잖아.

결국 조선 후기 **양반의 몰락**을 보여 주네.

작품으로 질문 찾기

생각 질문

1. 부자가 **양반 신분**을 원한 이유는 무엇일까요? 감상+추론

2. 양반이 곡식을 빌려 쓰고 **갚지 않은** 것에 대해 어떻게 생각하나요? 감상+비판

3. 군수가 양반의 의무를 **장황하게** 읽은 까닭은 무엇일까요? 감상+추론

4. 양반처럼 이름만 있고 실제 **가치 없는** 신분이나 권위가 있다면 어떤 것이 있을까요? 적용

논술 질문

양반이 되고 싶었던 부자를 떠올려 볼 때,
재산과 신분 중 무엇이 더 중요할까요?

재산이 중요하다. VS 신분이 중요하다.

박씨전

병자호란의 아픔을 위로한 여성 영웅의 탄생

단숨에 읽기

조선 인조 때 이시백이라는 젊은이가 있었다. 어느 날 이시백의 아버지, 이득춘은 금강산에 사는 박 처사*를 만났고 둘은 친구가 되었다.

"내 딸과 자네 아들을 혼인시키는 것이 어떻겠소?"

박 처사는 이득춘의 아들을 사위로 삼고 싶다고 말했다. 이에 이득춘이 받아들여 이시백은 아버지를 따라 금강산에 들어가서 박씨와 혼례를 치렀다.

그런데 첫날 밤 박씨를 본 이시백은 놀라고 말았다. 박씨의 외모가 너무도 흉측한 것이었다. 시댁 식구들 또한 박씨를 보고 비웃거나 무시하며 멀리했다. 박씨는 이시백과 같이 지내지 못하고 '화를 피하는 집'이라는 뜻의 피화당*에 머무르게 되었다. 곁에는 몸종* 계화만이 함께했다.

시간이 흘러 이득춘은 더 높은 벼슬에 올라 우의정이 되었다. 그런데 벼슬에 맞는 조복*이 없어 고민이었다. 이를 알게 된 박씨는 하룻밤 사이 조복을 지어 시아버지께 드렸다. 또 이시백이 과거 시험을 보러 갈 때 박씨가 벽옥 연적을 건넸는데 결국 그 붓으로 장원 급제*할 수 있었다.

그러던 어느 날 박씨의 아버지 박 처사가 찾아왔다.

"그간 너의 액운*이 다하였다. 이제 그 허물을 벗을 것이다."

박씨가 허물을 벗자 절세미인으로 변했다. 가족들은 박씨를 반겨 주었고, 이시백도 업신여긴 것을 사과하며 부부 간의 정을 쌓기 시작했다.

한편 청나라 황제는 조선을 공격하기 위해 아름답고 칼을 잘 쓰는 여자, 기홍대를 보냈다. 하지만 박씨의 활약으로 기홍대는 겨우 목숨만 건진 채 조선을 떠나게 되었다.

청나라 군대가 10만 대군을 이끌고 다시 침략하자, 병조 판서를 지내던 이시백은 임금을 남한산성으로 피신시켰다. 청나라 장수 용울대는 재물과 여인을 빼앗으며 피화당까지 쳐들어갔다. 그런데 갑자기 그곳의 나무들이 군사로 변하더니 용울대를 에워쌌다. 어디선가 계화가 나타나 "너 같은 자가 어찌 대장이냐?"며 꾸짖고, 용울대의 목을 벴다. 뒤따라 아우의 복수를 하러 온 용골대마저 박씨한테 크게 혼나고 청나라로 물러갔다.

임금은 박씨에게 '정렬부인*'이라는 칭호와 큰 상을 내렸다. 박씨는 죽을 때까지 나라와 집안을 돌보았다. 계화도 박씨의 삼년상을 치른 뒤 세상을 떠나 '충렬비'의 칭호를 받았다. 박씨의 충절과 재주는 제갈공명에 견줄 만큼 귀한 것이었기에 후세*를 위해 기록으로 남겼다.

중심인물 프로필

박씨

반전 매력 팔방미인

성격 재주가 뛰어나고 용감함

특징 남편과 시댁 식구들의 무시에도 묵묵히 남편을 출세시키고 나라도 구함

이시백

외모 지상주의

성격 덕보다 외모를 따짐

특징 못생긴 외모를 가진 아내를 멀리하지만 뒤늦게 박씨의 특별함을 알아보고 의지함

계화

용감한 조력자

성격 충성심이 높음

특징 정성을 다해 박씨를 보살피며, 적의 장수를 베어 직접 문제를 해결함

작품 속 어휘 쏙

작품에 나온 어휘의 뜻을 읽고 빈칸에 알맞은 어휘를 써 보세요.

어휘	뜻과 예문
처사	벼슬을 하지 않고, 시골에서 학문을 닦으며 사는 선비 예문 마을 어귀에 사는 (　　　)가 사람들에게 글을 가르쳤다.
피화당	화를 피하는 집이라는 뜻의 이름 예문 박씨는 남편과 떨어져 (　　　)에 홀로 지냈다.
몸종	옛날에 주인 가까이서 잔심부름하던 여자 종 예문 아씨의 옆에는 늘 (　　　) 계화가 함께 있었다.
조복	조선 시대에 조정에 나아갈 때 입던 옷 예문 신하들은 (　　　)을 갖추어 입고 임금을 알현하였다.
장원 급제	과거 시험에서 가장 높은 성적으로 합격함 예문 그는 과거 시험에서 (　　　)하여 마을의 자랑거리가 되었다.
액운	나쁜 운, 불행한 일 예문 점쟁이는 올해의 (　　　)이 곧 사라질 거라고 말했다.
정렬부인	조선 시대에 절개와 충성을 지킨 부인에게 내리는 특별한 이름 예문 임금은 오랑캐를 무찌른 박씨에게 (　　　)의 칭호를 내렸다.
후세	다음에 오는 세상 또는 다음 세대의 사람들 예문 고려청자를 만드는 비법이 (　　　)에 전해지지 못하고 끊겼다.

작품 핵심 엿보기

시련을 이기고, 나라까지 구하다니 사이다가 따로 없어!

나는 이런 **군담 소설**이 좋더라. 전쟁을 배경으로 주인공이 활약하는 이야기 말이야.

이 작품은 **조선 인조** 때 **병자호란**을 배경으로 한 거라며?

응, 역사적으로는 우리가 패배했지만 〈박씨전〉에서는 이긴 것처럼 표현됐대.

그래야 백성들이 잠시나마 현실의 고통을 잊을 수 있었겠지.

그거 알아? 이시백하고 임경업은 실제 있었던 인물이야.

어쩐지 생생하더라. 그들도 멋있었지만 **여성들의 활약**이 인상 깊었어. 다른 고전 소설에서는 좀처럼 보기 힘들잖아.

맞아. 박씨, 계화, 기홍대 모두 여성이지만 남성에 뒤지지 않을 만큼 용감했지.

그동안 차별받고 억눌린 채 살았던 조선의 여성들이 힘을 얻었을 것 같아.

병자호란 때 임금이 도망가고 난리도 아니었거든. 그런 상황 속에서 당당하게 자신의 능력을 펼치는 모습이 희망이 됐을 거야.

그런데 아내의 외모가 변하니까 달라진 이시백의 태도는 어이없었어.

나도 그래. 아마 외모로 사람을 평가하던 당시 남성들의 대표적인 모습이 아닐까 싶어.

작품으로 질문 찾기

생각 질문

1. <박씨전>이 **실제 역사**에서는 패배한 전쟁을 승리한 것으로 표현한 까닭은 무엇일까요? 추론

2. 박씨는 외모 때문에 무시당하면서도 왜 계속 **가정**을 챙겼을까요? 감상+추론

3. 박씨의 얼굴만 보고 **멀리한** 이시백과 시댁 식구들의 태도에 대해 어떻게 생각하나요? 감상+비판

4. 위기 상황에서 침착하게 대응하려면 어떤 **마음가짐**이 필요할까요? 적용

논술 질문

청나라가 조선에 침입할 당시 활약했던 사람들을 떠올려 볼 때, 만약 전쟁이 일어난다면 누구의 명령을 따라야 할까요?

무조건 지도자의 지시가 우선이다	VS	현장에서 직접 움직이는 사람의 판단이 우선이다.

박문수전

백성들의 한을 풀어 준 정의로운 암행어사의 등장

단숨에 읽기

박문수는 충언*을 잘하는 사람이었다. 영조도 이런 박문수를 믿고 아꼈다. 박문수의 충언이 있어 자신도 정치를 잘할 수 있다고 생각했기 때문이다.

영조 6년에 참판*에 오른 박문수, 하지만 일부 신하들은 그를 좋아하지 않았다. 신하들은 임금께 직언하는 박문수가 무엄*하다고 여기며 나무랐다.

"저는 부끄러운 것이 없어 임금 앞에서 고개를 숙이지 않습니다."

그러다 이인좌와 정희량이 난을 일으켜 청주까지 밀고 들어왔다. 이에 놀란 영조는 박문수를 조선 팔도의 암행어사로 임명했다.

암행어사가 된 박문수는 백성들의 어려움을 살폈다. 그러다 불이 켜진 어느 집을 발견했는데 그 안에서 놀라운 일이 벌어지고 있었다.

"빨리 죽어라, 이놈아!"

칼을 든 노인이 젊은 남자를 죽이려는 것이었다. 깔린 남자는 겁도 안 나는지 죽이라며 같이 소리쳤다. 이윽고 박문수는 노인에게 사연을 들을 수 있었다.

노인의 이름은 유안거로, 아내 최씨와 아들 득주와 함께 구천동에 살고 있었다. 이웃에는 천운거라는 사람이 있었는데 그의 며느리가 외간 남자를 만나고 다닌다는 소문이 돌았다. 그러자 천운거는 자신의 며느리와 득주가 몰래 만났다고 주장했다. 그러면서 유안거의 며느리는 물론 아내 최씨까지 자기 며느리와 아내로 삼겠다고 나섰다. 유안거는 차라리 모두 죽는 게 낫겠다 싶어 아들을 죽이려고 했던 것이었다.

다음 날 신시*가 되자 천운거가 유안거의 집으로 찾아왔다. 그리고 유안거의 아내 최씨와 며느리 김씨를 데려가려던 찰나, 잡귀*와 악신*을 몰아낸다는 신장*이 나타나 천씨 부자를 잡아갔다. 알고 보니 그들을 잡아

가라 명령한 사람은 박문수였다. 무주읍에 가서 데려온 광대 네 명에게 신장처럼 행세하도록 시킨 것이었다.

이후 여러 지방을 살펴보고 한양으로 돌아간 박문수는 그가 한 일들을 임금께 알리고 공을 치하*받았다. 그리고 10년 뒤 유안거의 집을 다시 찾았다. 그곳은 하늘이 돕는 집이라고 소문나 마을 사람들이 큰 기와집을 지어 주고, 해마다 수확물을 바쳐 넉넉히 살고 있었다. 박문수는 자신이 10년 전에 도운 사람임을 말하지 않고 사연만 듣고 왔다. 영조가 왜 그냥 왔냐고 물으니, 박문수는 사실이 밝혀지면 유안거는 언제든지 예전과 같은 일을 당할 수 있고, 도움을 준 마을 주민들도 불행해질 수 있기에 말하지 않았다고 답했다.

영조와 신하들은 박문수의 지혜에 감탄했다. 그가 돌아본 남쪽 지방 백성들도 편안하게 살았다.

중심인물 프로필

박문수

정의로운 심판관

성격 지혜롭고 정의로움

특징 유안거의 사연을 듣고 죄인들을 벌하며 백성들의 문제를 척척 해결해 줌

유안거

조용한 수호자

성격 가족의 명예를 중요하게 여김

특징 누명을 써도 외부에 알리지 않고 조용히 해결하려고 함

천운거

상식 파괴자

성격 자기 이익만 따지며 계산적임

특징 유안거의 아들과 자신의 며느리가 몰래 만난다는 소문에 유안거의 아내까지 빼앗으려 함

작품 속 어휘 쏙

작품에 나온 어휘의 뜻을 읽고 빈칸에 알맞은 어휘를 써 보세요.

어휘	뜻과 예문
충언	임금이나 윗사람이 옳은 일을 하도록 이끄는 바른말 **예문** 어리석은 임금은 (　　　)한 신하를 옥에 가두었다.
참판	조선 시대 때 관청에서 둘째로 높은 벼슬 **예문** 마을 사람 대부분은 최 (　　　) 댁 땅을 빌려 농사를 지었다.
무엄	말이나 행동이 예의에 어긋나고 건방짐 **예문** 신하들은 박문수가 임금 앞에서 (　　　)하다고 비난했다.
신시	오후 세 시에서 다섯 시 사이의 시간 **예문** (　　　)가 되면 동네 노인들이 마을 어귀의 느티나무 아래 모였다.
잡귀	나쁜 짓을 하는 여러 귀신 **예문** 무당은 북을 치며 (　　　)를 몰아내는 굿을 벌였다.
악신	해롭고 나쁜 귀신 **예문** 옛날 사람들은 재앙이 생기면 (　　　) 때문이라고 믿었다.
신장	사람이나 마을을 지켜 주는 신령한 장수 **예문** 어디선가 (　　　)이 나타나 혼례를 막았다.
치하	윗사람이 아랫사람의 수고를 인정하며 칭찬함 **예문** 전쟁에서 승리한 장수들의 노고를 (　　　)하기 위해 연회가 열렸다.

작품 핵심 엿보기

힘없고 가난한 백성들의 이야기에 귀 기울이는 박문수의 모습에 감동받았어!

그거 알아? 박문수가 조선 후기 때 **실제 있었던 사람**이래.

그러고 보니 박문수가 만난 사건도 현실에서 충분히 일어날 법한 일이야.

유안거 이야기는 유명한 **설화** 중 하나라고 해.

설화가 뭐야?

예로부터 입에서 입으로 전해 내려오는 이야기 있잖아. 나는 이런 현실을 바탕으로 한 **영웅 소설**이 재밌더라.

영웅이 활약하는 내용을 싫어할 사람은 없지. 박문수가 재주를 잘 부리는 광대들과 천운거 부자를 처단할 땐 어찌나 통쾌하던지….

나쁜 사람은 결국 벌을 받는다는 **권선징악** 결말을 읽으면 마음이 편안해져.

사필귀정도 그렇잖아! 모든 일은 결국 올바른 길로 돌아간다는 뜻 말이야.

텔레파시가 통했네? 그래야 우리가 옳은 것을 믿고 살아갈 수 있지.

〈박문수전〉은 역사 속 인물을 다루고 있으니 전기문으로 봐도 될까?

사실과 100% 일치하는 건 아니라서 **역사 전기 소설**이라고 해야 될 것 같아.

작품으로 질문 찾기

생각 질문

1. 박문수의 행동 중 가장 **인상 깊은** 것은 무엇인가요? 감상

2. 여러분이 **영조라면** 충언을 아끼지 않는 신하를 어떻게 대할까요? 적용

3. 아들을 직접 죽이려고 한 유안거는 **어떤 심정**이었을까요? 감상+추론

4. 오늘날 **박문수 같은 인물**은 어느 분야에 필요할까요? 적용

논술 질문

과거에 도움을 주고도 끝내 자신의 정체를 밝히지 않는 박문수의 행동에 대해 어떻게 생각하나요?

자신의 정체를 밝힐 필요가 없다.	VS	자신의 정체를 밝혔어야 한다.

금방울전

고난을 극복하고 전생의 인연을 되찾는 두 영웅

단숨에 읽기

중국에 명나라가 세워지고 얼마 뒤였다. 선비 장원은 자식이 없었으나 요괴*한테 쫓기는 동해 용왕의 아들을 구한 덕으로 아기를 갖게 되었다. 아이 이름은 바다의 용이라는 뜻의 해룡이라 지었다.

해룡이 다섯 살이 되었을 때 나라에 흉년이 들고 도적이 들끓었다. 난리를 피해 떠나는 백성들 틈에서 장원 부부도 피난길에 나섰다. 이때 해룡은 부모와 헤어지게 되었고, 도적 장삼이 자기 고향으로 데려갔다.

한편 조계촌에는 막씨라는 여인이 살았다. 그녀는 못생겼다는 이유로 남편에게 구박을 받았다. 급기야 남편이 집을 떠났지만, 막씨는 홀로 집안을 이끌었다. 시어머니가 돌아가시고 나서도 무덤가에 집을 짓고 돌보았다. 그러던 어느 날 꿈속에서 신령이 나타나 옥황상제의 선물이라며 요괴에게 죽은 남해 용왕의 딸을 준다고 했다.

"에구머니나! 어떻게 이런 것이 내 뱃속에서 나왔지?"

열 달 후 막씨가 아이를 낳았는데 사람이 아니라, 금방울이었다. 금방울은 신비한 재주로 어머니를 도와 온갖 어려운 일을 해냈다.

같은 마을에 살던 장원의 부인이 알 수 없는 병으로 거의 죽게 되자, 금방울은 향기 나는 풀을 가져와 그녀의 목숨을 살렸다. 또한 장원 부부가 피난 도중 잃어버린 아들 해룡의 모습이 담긴 족자 하나를 가져다주고 홀연히 사라졌다.

황제는 나라의 난리를 정리하고 늘그막에 금선 공주를 얻었다. 그런데 요괴가 나타나 공주와 시녀들을 끌고 갔다. 황제는 공주를 구해 오면 나라의 반을 주겠다는 방*을 써 붙였다.

이때 해룡은 도적 장삼의 집에서 구박을 받고 있었다. 참다못한 해룡이

산으로 도망쳤지만 머리가 아홉 개 달린 요괴를 만났다. 요괴에게 잡아먹히려던 순간, 갑자기 나타난 금방울이 해룡의 앞을 막아서며 대신 사라져 버렸다. 결국 금방울을 구하러 간 해룡이 칼로 요괴를 찌르자, 요괴의 가슴에서 금방울이 굴러 나왔다. 요괴한테 납치된 공주와 시녀들까지 모두 구한 해룡은 공을 인정받아 부마*가 되었다.

얼마 후 북방*의 흉노*가 쳐들어왔다. 전쟁에 나간 해룡은 적들이 파 놓은 함정에 빠졌지만, 또다시 금방울의 도움으로 승리할 수 있었다.

한편 딸을 잃고 슬퍼하던 막씨 앞에 금방울이 찾아왔다. 그런데 금방울은 사라지고 아름다운 아가씨가 있었다. 남해 용왕의 딸이었던 금방울이 액운을 다하여 허물을 벗게 된 것이었다.

나라의 변방*이 다시 어지러워지자 해룡은 순무어사*가 되어 전국을 돌아다녔다. 하루는 장원이 다스리는 고을에서 묵게 되었는데 해룡과 장원은 족자 이야기를 하다 서로 부자 사이라는 것을 깨닫고 기뻐했다.

이 모든 사실을 알게 된 황제는 금방울을 자신의 양녀*로 삼아 금령 공주라 부르고 해룡과 혼인시켰다. 해룡은 두 부인과 함께 잘 살다가 금방울은 남해 용왕의 딸로, 해룡은 동해 용왕의 아들로 돌아갔다.

중심인물 프로필

해룡

용감한 모험가

성격 책임감이 강하고 충직함

특징 동해 용왕의 아들로, 금방울의 도움을 받아 영웅으로 성장함

금방울

신비한 구원자

성격 주변 사람을 잘 도움

특징 남해 용왕의 딸로, 금방울 모양으로 태어나 신비한 능력을 지님

작품 속 어휘 쏙

작품에 나온 어휘의 뜻을 읽고 빈칸에 알맞은 어휘를 써 보세요.

어휘	뜻과 예문
요괴	괴상하고 간사한 귀신이나 괴물 예문 사냥꾼은 이상한 발자국을 보더니 (　　　　)가 나타났다고 소리쳤다.
방	어떤 일을 널리 알리기 위해 길거리에 써 붙이는 글 예문 역병이 돌자 주의하라는 (　　　　)이 시장 곳곳에 붙었다.
부마	황제의 사위 예문 왕실 행사에서 (　　　　)와 공주가 손님들을 맞이했다.
북방	북쪽 지방 예문 (　　　　) 지역은 겨울이 길고 추워서 따뜻한 털옷이 필수였다.
흉노	중국 북쪽에서 살던 옛 유목 민족 예문 (　　　　)족의 침입에 대비하기 위해 만리장성을 쌓았다.
변방	나라의 가장자리 또는 국경에 가까운 지역 예문 병사들이 (　　　　)을 지키며 적의 움직임을 살폈다.
순무어사	조선 시대에 지방을 돌며 백성을 살피고 잘못된 일을 바로잡던 관리 예문 (　　　　)가 고을을 돌아다니며 억울한 백성들의 말을 들어 주었다.
양녀	남의 자식을 데려다가 제 자식처럼 기른 딸 예문 부자는 어린 고아를 (　　　　)로 삼아 키웠다.

작품 핵심 엿보기

해룡과 금방울은 **고귀한 출생**이라는 공통점이 있네?

동해 용왕의 아들, 남해 용왕의 딸이 각각 인간과 금방울로 환생했다는 점이 신비로웠어.

무시무시한 요괴가 등장한 것도 **비현실적**이야.

이런 설정들이 작품에 **환상적 분위기**를 더해 주는 것 같아.

난 금방울이 활약할 때마다 짜릿했어! 자신이 가진 비범한 능력으로 주변 사람들을 돕고, 죽을 고비에 처한 해룡까지 구하잖아.

여성도 능력이 있음을 보여 주고 싶었나 봐. **여성 영웅**은 고달픈 삶을 사는 백성들에게 위안이 될 수 있거든. 그런데 해룡을 돕는 존재로 그쳐서 아쉬워.

정말 그러네. 금방울에서 인간으로 변신한 것도 신기하지 않아?

생각해 보니 〈박씨전〉도 그래.

두 작품 모두 **변신 모티브**가 쓰인 거야.

난 이런 작품이 재밌더라고!

결국 해룡과 금방울이 행복해져서 다행이야.

고난을 극복하고 사랑을 이루는 과정은 언제나 감동이지.

작품으로 질문 찾기

생각 질문

1. **해룡과 금방울** 중 누가 더 인상 깊었나요? 감상

2. 금방울이 **사람으로 변한다**는 것은 어떤 의미일까요? 감상+추론

3. 마지막에 해룡이 금선 공주와 금령 공주, **두 부인**과 함께 사는 것에 대해 어떻게 생각하나요? 비판

4. 해룡처럼 누군가를 돕고 **뜻밖의 보답**을 받은 경험이 있나요? 적용

논술 질문

해룡과 금방울의 모습을 떠올려 볼 때,
삶에 대해 어떤 태도를 갖는 것이 좋을까요?

삶은 스스로 개척해야 한다. **VS** 삶은 운명에 맡겨야 한다.

호질

실학자 박지원이 쓴 짐승보다 못한 양반의 민낯

단숨에 읽기

어느 날 호랑이가 창귀*들을 불러 놓고 말했다.

"날이 저무는데 먹을 것을 어디서 구해야 하겠느냐?"

창귀 중 굴각이 나서서 머리를 딴 총각을 잡아먹자고 했다. 이올은 약초를 다루는 의원이나 무당을 잡아먹자는 의견을 냈다.

"의원은 자신도 모르는 것을 아는 체하고 이런저런 시험을 해 보다 수많은 사람을 죽이지 않느냐? 또 무당은 귀신을 부릴 수 있다고 사람을 속여 굿을 한다며 무고한 백성을 죽인다. 그런데 어찌 그들을 먹겠느냐?"

그러자 육혼은 유학자*를 잡아먹자고 거들었다. 무릇 유학자란 제자백가*의 글을 외울 만큼 똑똑하고 음양의 이치를 깨달은 자라 맛이 좋을 것이라고 했다. 하지만 호랑이는 음양이 섞이면 소화가 안 될 것이라며 질색했다.

한편 정이라는 고을에는 북곽 선생이 살고 있었다. 중국 고전을 비롯해 모르는 것이 없고 지은 책만 만 오천 권에 달하여 왕까지 아는 유명한 학자였다. 고을 동쪽에는 일찍이 과부가 된 동리자라는 여인이 있었다. 그녀는 수절했음에도 다섯 아들의 성이 모두 달랐다.

깊은 밤, 안방에서 흘러나오는 누군가의 목소리에 다섯 형제가 문틈을 들여다보았다. 그런데 북곽 선생이 동리자 앞에 앉아 시를 읊고 있었다. 다섯 형제는 덕망* 높은 유학자가 과부의 방에 들어왔을 리 없다며 여우가 사람 흉내를 냈다고 생각했다.

결국 다섯 형제가 안방으로 쳐들어갔다. 깜짝 놀란 북곽 선생은 그 길로 달아나다가 그만 똥구덩이에 빠지고 말았다. 버둥거리며 간신히 나와 보니 그 앞에는 호랑이가 코를 막고 있었다. 북곽 선생은 무릎을 꿇고 머리를 조아리며 덕망 있는 호랑이의 신하가 될 수 없는지 물었다.

이에 호랑이는 평소 자신에 대해 나쁘게 말하더니 역시 유학자들은 아첨*을 잘한다며 호통쳤다. 그러면서 사람의 위선*도 지적했다. 광명정대*한 호랑이와 달리 사람은 못 먹는 게 없다는 것, 남의 것을 빼앗고도 부끄러운 줄 모르는 것, 장수가 되려고 아내를 죽이는 것 등을 말했다.

한참이 지나도록 호랑이의 분부*가 없자 북곽 선생이 머리를 들어 올렸다. 어느새 동쪽 하늘이 밝아오고 호랑이는 온데간데없었다. 지나가던 농부가 왜 절을 하냐고 묻자 북곽 선생이 대답했다.

"하늘이 높으니 우러러보지 않을 수 없고 땅이 넓으니 구부려 보지 않을 수 없네."

중심인물 프로필

호랑이

냉철한 심판자

성격 위선을 싫어함

특징 북곽 선생으로 대표되는 겉과 속이 다른 사람을 비판함

북곽 선생

비겁한 위선자

성격 부도덕하고 비굴함

특징 이름난 학자이지만 과부의 집에 드나들며, 호랑이에게 목숨을 구걸함

동리자

이미지 장인

성격 이중적임

특징 수절했다는 소문과 달리 다섯 아들의 성이 다르며 몰래 북곽 선생을 만남

작품 속 어휘 쏙

작품에 나온 어휘의 뜻을 읽고 빈칸에 알맞은 어휘를 써 보세요.

어휘	뜻과 예문
창귀	먹을 것이 있는 곳으로 호랑이를 이끄는 귀신 예문 산중에서 홀로 나그네를 따르는 그림자가 보이면 ( )라고 했다.
유학자	유교를 공부하고 가르치는 학자 예문 서양 문물을 받아들이자는 주장에 ( )들이 일제히 들고 일어섰다.
제자백가	춘추 전국 시대에 나타난 여러 학문과 사람 예문 공자, 맹자 같은 ( )의 사상은 지금까지도 많은 영향을 끼친다.
덕망	마음이 너그럽고 훌륭해서 남에게 존경을 받는 성품 예문 마을 어른은 ( )이 높아 모두가 따랐다.
아첨	남에게 잘 보이려고 알랑거리는 말과 행동 예문 친일파는 일본 관리에게 ( )하여 높은 자리를 꿰찼다.
위선	겉으로만 착한 척함 예문 양반들은 체면을 앞세워 점잖은 척 ( )을 떨었다.
광명정대	마음이나 태도가 거리낄 것 없이 바르고 떳떳함 예문 그는 언제나 ( )하게 행동해서 부하들의 존경을 받았다.
분부	윗사람이 아랫사람에게 내리는 명령이나 지시 예문 선생님은 아이들에게 조용히 책을 읽으라는 ( )를 내렸다.

작품 핵심 엿보기

호질은 말 그대로 **호랑이가 꾸짖는다**는 뜻이라며?

응, 호랑이의 입을 통해 자신의 이익을 위해 아부하거나 탐욕스러운 인간의 모습을 지적한 거야.

그런데 왜 하필 호랑이를 등장시켰을까?

호랑이는 예로부터 위엄 있는 동물이잖아. 특히 조선 시대에는 북곽 선생 같은 유학자를 대놓고 비판하기가 어려웠거든.

인간의 위선을 풍자하려면 이렇게 동물이 나오는 **우화** 형식이 좋을 것 같아.

나도 그렇게 생각해. 비단 북곽 선생뿐 아니라 조선 사회의 지배층인 양반까지 비판한 셈이니까.

당시 겉으로는 선비인 척하지만 그렇지 않은 사람이 많았던 모양이야.

동리자도 정절을 지키는 듯했지만 실제는 아니었지. 한마디로 **표리부동**하달까?

나는 호랑이가 떠나자 북곽 선생이 도로 거드름을 피우는 모습이 어이없었어.

농부한테 자기변명만 해 대는 꼴이 우스웠지.

〈호질〉도 **박지원**이 썼대.

요즘으로 치면 베스트셀러 작가네!

작품으로 질문 찾기

생각 질문

1. 당시 **의원과 무당**은 어떤 문제가 있었나요? 감상

2. 북곽 선생이 호랑이에게 **아첨**한 이유는 무엇인가요? 감상+추론

3. 호랑이의 말처럼 사람의 **겉과 속이 다른** 까닭은 무엇일까요? 추론

4. 여러분이 **북곽 선생**이라면 호랑이를 만났을 때 어떻게 했을까요? 적용

논술 질문

북곽 선생을 꾸짖는 호랑이를 떠올려 볼 때,
인간은 어떤 존재라고 생각하나요?

사람은 겉과 속이 다를 수 있다.	VS	사람은 항상 겉과 속이 같아야 한다.

전우치전

정의로운 세상을 향한 도술 달인의 반란

단숨에 읽기

조선 시대 초 송도의 숭인문 안에는 전우치라는 사람이 있었다. 그는 일찍이 높은 스승에게 신기한 도술*을 배웠으나 재주를 숨기고 살았다.

이때 남쪽 바닷가에는 해적이 들끓고 흉년까지 들어 백성들의 삶이 이루 말할 수 없이 비참했다. 그러나 벼슬아치들은 권세*에 눈이 멀어 백성들을 돌보지 않았다. 전우치는 고통받는 백성들을 차마 두고 볼 수 없어 돕기로 했다.

전우치가 주문을 외우자 신선 세계의 선관*으로 변했다. 그는 오색구름을 타고 곧장 대궐 위로 날아갔다.

"국왕*은 들어라! 옥황상제께서 굶어 죽은 영혼을 위로하라며 태화궁을 세우라고 하셨다. 그러니 인간 세상에서는 황금 들보를 하나씩 만들어 돌아오는 삼월 보름까지 바치도록 하여라."

왕은 전국 각지에서 금을 모아 황금 들보를 만들었다. 이에 전우치는 황금 들보 절반을 팔아 쌀을 사서 가난한 백성들에게 나눠 주었다. 백성들은 전우치의 덕을 높이 칭찬했다.

그런데 전우치는 거만한 한량*이나 기생을 혼내며 내키는 대로 자기의 욕망을 위해 도술을 사용하기도 했다. 자신에게 피해를 준 사람을 복수하는 것도 서슴지 않았다. 조정에선 이리저리 날뛰는 전우치를 잡아들이라 명했다. 포졸*들이 전우치를 쫓았으나 신출귀몰*한 그를 잡기란 쉽지 않았다. 그 와중에 함경도 가달산에 도적이 날뛴다는 소식에 전우치가 나서 도적 떼를 모조리 잡아들였다.

어느 날 전우치는 도술이 높다는 소문을 듣고 화담 서경덕을 찾아갔다. 화담은 바다 한가운데에 떠 있는 화산이라는 산에 가서 운수 선생에게 편지를 전해 달라 부탁했다. 전우치는 자신만만해하며 만일 다녀오지 못하면 화담이 있는 산에서 죽겠다고 약속했다. 결국 매로 변해 화산으로 향했지만 여러 어려움으로 인해 도착하지 못하고 다시 돌아왔다.

"큰소리만 치고 다녀오지 못했으니 산에서 나갈 수 없겠구나."

이 말에 놀란 전우치가 달아나려고 하자 화담이 막았다.

"너의 도술로 백성들을 돕는 것은 좋으나, 너무 가벼이 쓰고 다니니 자중해야 할 것이다. 태백산에 들어가 도리를 찾아 바르게 살거라."

이에 전우치는 화담을 따라 태백산으로 들어갔다. 그리고 그곳에서 이치를 깨달으며 좋은 글을 써서 석실*에 감췄다. 이후 일은 누구도 알지 못했다.

중심인물 프로필

전우치

자유분방 히어로

성격 정의롭지만, 거만함

특징 도술로 가난한 사람들을 돕지만 너무 가볍게 쓰는 모습을 보임

화담 서경덕

길잡이 멘토

성격 도술이 높고 지혜로움

특징 즉흥적으로 도술을 쓰는 전우치를 제압하여 올바르게 도를 닦도록 이끎

작품 속 어휘 쏙

작품에 나온 어휘의 뜻을 읽고 빈칸에 알맞은 어휘를 써 보세요.

어휘	뜻과 예문
도술	도를 닦아 얻은 신비한 기술이나 재주 예문 그는 ( )을 부려 바람을 부르고 천둥번개를 쳤다.
권세	권력과 세력 예문 조선 후기에 안동 김씨, 풍양 조씨 가문이 ( )를 누렸다.
선관	신선이 사는 곳에서 벼슬살이를 하는 신선 예문 ( )은 인간 세상과 신선 세계를 연결하는 역할을 했다.
국왕	나라의 임금 예문 백성들은 ( )을 하늘처럼 받들었다.
한량	한가롭게 놀고먹는 양반 예문 의원이 아무 일도 하지 않고 놀기만 하는 ( )을 보더니 혀를 찼다.
포졸	조선 시대에 죄인을 잡던 하급 관리 예문 ( )은 백성들의 안전을 위해 밤마다 성문을 돌았다.
신출귀몰	귀신처럼 자유자재로 나타났다 사라짐 예문 도둑은 ( )한 솜씨로 전국을 누비고 다녔다.
석실	돌로 지은 방이나 무덤 예문 산속에 자리한 ( )은 수백 년 동안 원래 모습을 유지하고 있었다.

작품 핵심 엿보기

백성들을 돌보지 않는 왕과 벼슬아치를 혼내 주기 위해 도술을 부리는 전우치의 모습을 보니 누군가 떠올라.

의로운 홍길동이 빠지면 섭섭하지.

전우치는 조선 중종 때 **실제 있었던 인물**이래.

정말? 그럼 이야기가 전해지다 **영웅 소설**로 남은 거구나.

응, 화담 서경덕도 마찬가지야.

나도 들었어. 평생 벼슬을 하지 않고 학문만 열심히 연구했던 사람이잖아.

당시에 나라가 안팎으로 어지러웠대. 일본이 침입하고 관리들은 부패해서 백성들이 살기 힘들었다고 해.

그런 상황이라면 영웅이 나타나기만 간절히 기다렸을 거야.

전우치의 도술은 기존 **지배 질서**에 대한 비판인 셈이지.

구름을 타고 변신을 하는 등 **비현실적**이지만 현실에서 해결할 수 없는 문제들에 대해 위안을 얻으려는 바람도 담겨 있어.

그런데 전우치가 항상 정의롭기만 한 건 아니야. 개인의 욕망을 위해 움직이기도 하잖아.

응, 거만한 한량이나 기생, 자신에게 피해를 준 사람한테 복수하는 모습을 보면 영웅이지만 **불완전한 영웅** 같아.

작품으로 질문 찾기

생각 질문

1. 전우치의 행동 중 가장 **인상 깊은** 것은 무엇인가요? 감상

2. 전우치가 **자신의 욕망**을 위해 도술을 쓴 이유는 무엇일까요? 감상+추론

3. 여러분이 **전우치라면** 백성들을 위해 어떤 일을 하고 싶나요? 적용

4. 오늘날에도 **전우치 같은** 사람이 있다면 어떤 일을 해야 할까요? 적용

논술 질문

전우치처럼 특별한 힘을 가진 사람은
자신의 재주를 어떻게 사용해야 바람직할까요?

자신이 원하는 대로 자유롭게 사용해도 좋다.	VS	모두의 이익을 위해 사용해야 한다.

사씨남정기

김만중이 쓴 처첩 간의 갈등에 빗댄 임금의 잘못

단숨에 읽기

중국 명나라 금릉 순천부에 유연수라는 사람이 살았다. 유달리 학문이 뛰어난 그는 열다섯에 장원 급제하여 한림학사*가 되었고, 어질고 현명하다고 소문난 사씨와 부부의 연을 맺었다. 그러나 혼인한 지 9년이 지나도록 둘 사이에 후사*가 없었다.

"여보, 제가 몸이 약해 아이가 생기지 않는 것 같아요. 자식을 낳지 못하는 것은 가장 큰 불효이니 첩*을 들이시지요."

사씨가 먼저 나서서 유연수를 설득한 끝에 교씨를 맞이하게 되었다. 교씨는 아름다웠으나 질투심이 넘쳐 사씨를 미워하고 시기했다.

교씨가 아들 장주를 낳고, 얼마 뒤 사씨도 아기를 가졌다. 교씨는 질투가 나서 사씨가 먹는 약에 나쁜 약을 탔지만 다행히 아기는 건강하게 태어났다. 그렇게 사씨는 혼인한 지 10년 만에 아들 인아를 낳았다. 질투심에 사로잡힌 교씨는 사씨를 내쫓기로 마음먹었다.

그때 유연수는 나라에 가뭄이 들어 산동 지방으로 일을 하러 갔다. 기회만 엿보던 교씨는 하인 동청과 작당*하여 사씨를 모함*했다. 사씨의 옥가락지를 훔쳐 다른 남자와 정을 통하고 있다고 유연수에게 알린 것이다.

집으로 돌아온 유연수는 사씨를 의심했다. 이 틈을 타서 교씨는 자기 아들까지 죽이고 그 죄를 사씨에게 덮어씌웠다. 결국 사씨는 쫓겨나게 되었다.

한편 동청은 유연수가 나라 걱정을 하며 쓴 글을 훔쳐 간신 엄 승상에게 전해 주었다. 엄 승상은 즉시 임금에게 바쳤고, 자신의 잘못이 적힌 내용을 본 임금은 화가 나서 유연수를 귀양 보냈다.

그사이 교씨는 몸종을 시켜 사씨가 낳은 아들을 죽이게 했다. 하지만 몸종은 차마 아이를 죽일 수 없어 숲에 몰래 두고 왔다. 유연수를 고발한 공으로 지방관*이 된 동청은 교씨와 함께 백성들의 재물을 빼앗으며 살았다.

시간이 흘러 이 모든 사실을 알게 된 유연수는 그제야 자신이 동청과 교씨에게 속았음을 깨달았다. 황제 또한 엄 승상의 계략*을 알게 되어 그의 벼슬을 빼앗고 동청과 함께 숙청*했다.

임금의 은혜를 입고 풀려 난 유연수는 사씨를 찾아 고향으로 돌아왔다. 그리고 교씨를 처형하고 아들 인아와 사씨를 다시 만났다.

중심인물 프로필

사씨

현모양처의 최고봉

성격 어질고 현명함

특징 자식을 낳지 못하자 둘째 부인을 권할 정도로 유교적 가르침에 충실함

교씨

질투의 화신

성격 겉과 속이 다르며 사악함

특징 사씨를 모함하여 쫓아내고 자기 자식까지 죽임

유연수

무늬만 학자

성격 똑똑하지만, 판단력이 흐림

특징 첩의 계략에 속아 사씨를 의심하지만 이내 잘못을 깨달음

동청

잔인한 욕심꾼

성격 욕심이 많음

특징 벼슬자리와 재물을 탐내며 교씨와 짜고 온갖 나쁜 짓을 저지름

작품 속 어휘 쏙

작품에 나온 어휘의 뜻을 읽고 빈칸에 알맞은 어휘를 써 보세요.

한림학사	임금의 곁에서 글, 기록을 다루던 높은 벼슬 예문 그는 뛰어난 문장력을 인정받아 ( )로 임명되었다.
후사	집안의 대를 잇는 자식 예문 오랫동안 ( )가 없어 집안 어른들이 걱정했다.
첩	정식 아내 외에 데리고 사는 여자 예문 늙은 나이에 ( )을 들인 영감은 아내를 본체만체했다.
작당	떼나 무리를 이룸 예문 관리들이 몰래 ( )하여 세금을 빼돌렸다.
모함	나쁜 꾀로 남을 어려운 처지에 빠지게 함 예문 영의정은 ( )을 받고 억울하게 자리에서 물러났다.
지방관	조선 시대에 각 지방을 다스리던 관리 예문 백성들은 어려운 일이 생기면 ( )을 찾았다.
계략	어떤 일을 이루기 위해 꾸미는 꾀나 방법 예문 사기꾼의 ( )에 빠져 전 재산을 날려 버렸다.
숙청	조직 안에서 반대파나 세력을 제거함 예문 임금은 왕권 강화에 방해되는 신하들을 ( )했다.

작품 핵심 엿보기

<사씨남정기>는 가정 내에서 벌어지는 처첩 간의 갈등을 다루지만 꼭 현실 속 누군가를 겨냥하는 듯한 느낌이 들어.

눈치챘군? 이 작품은 잘못을 바로잡으려는 목적으로 돌려 표현한 **풍간 소설**이거든.

그럼 유연수의 실제 모델은 누구지?

바로 **숙종**이야. 사씨는 **인현 왕후**, 교씨는 **장희빈**이지.

중국 당나라가 무대이지만, 궁중에서 일어난 **역사적 사건**을 소재로 삼은 거구나?

맞아. 장희빈의 음모로 인현 왕후가 폐위된 모습이 사씨가 쫓겨나는 것과 닮았지.

이 일화를 잘 아는 사람이 썼나 봐.

작가인 **김만중**이 인현 왕후의 폐위를 반대하다 귀양을 간 적이 있거든. 그곳에서 홀어머니를 생각하며 한글로 쓴 **국문 소설**이기도 해.

나는 사씨가 답답했어. 집안의 대를 잇기 위해 먼저 첩을 들이자고 하잖아.

그만큼 유교 사상이 강했다는 뜻이야.

따지고 보면 **일부다처제**가 문제 같아.

왕이나 양반 모두 남편은 하나인데 여러 명의 부인을 둬서 이런 비극이 일어난 거긴 하지.

작품으로 질문 찾기

생각 질문

1. <사씨남정기>에서 가장 **안타까운** 장면은 어디인가요? 감상

2. 유연수가 사씨를 쉽게 **의심**한 이유는 무엇일까요? 감상+추론

3. 아들을 죽이고 사씨에게 **뒤집어씌운** 교씨의 행동에 대해 어떻게 생각하나요? 감상+비판

4. 여러분이 사씨나 유연수처럼 **모함**을 당한다면 어떻게 할 건가요? 적용

논술 질문

아이가 생기지 않자 첩을 들이라고 권한 사씨를 떠올려 볼 때,
집안과 나 자신 중 무엇이 더 중요할까요?

집안을 위해 나를 희생할 줄 알아야 한다.	VS	집안보다 나의 행복이 중요하다.

운영전

궁녀와 선비의 금지된 사랑이 가져온 비극

단숨에 읽기

인왕산 아래에는 수성궁이라 불리는 곳이 있었다. 조선 세종의 셋째 아들 안평 대군*이 살던 곳인데, 경치가 아름답기로 유명했다. 선비 유영은 그곳을 찾아가 시를 읊다가 술에 취해 잠이 들었다. 그런데 어디선가 말소리가 들리더니 두 사람이 나타났다.

남자는 자신을 김 진사*라 소개했고 옆의 여인은 운영이라 했다. 그들은 안평 대군의 궁인*이었다고 했다. 그러면서 슬픈 표정으로 자신들의 이야기를 들려주었다.

안평 대군은 아름다운 여인 열 명을 골라 학문을 가르치고 시를 짓게 했다. 하지만 이들이 궁문*을 나가거나 바깥사람이 궁녀*의 이름을 알게 되면 죽임을 당할 거라며 궁녀들을 꽁꽁 숨겨 두었다. 그중 한 사람이 운영이었다.

그러던 어느 날 김 진사가 안평 대군을 찾아왔다. 김 진사가 시를 쓰는 동안 운영이 옆에서 먹을 갈며 둘은 첫눈에 반했다. 운영과 김 진사는 몰래 편지를 주고받으며 사랑을 키워 나갔다. 그러다 운영의 시에서 누군가를 그리워하는 마음을 읽고 운영과 김 진사의 사이를 눈치챈 안평 대군은 몇몇 궁녀와 함께 운영을 서궁으로 보냈다.

김 진사를 만나지 못해 날로 여위어 가던 운영은 빨래터에 나간 날 김 진사를 만났다. 김 진사도 특이라는 어린 종의 도움으로 밤마다 서궁 담을 넘어 운영과 만남을 이어갔다. 운영은 아예 도망칠 계획을 세웠고 특에게 부탁하여 의복과 금은보화*를 궁 밖으로 옮겨 놓았다.

그런데 특이 그 재산을 가로채 버리고 말았다.

"둘이 계속 만남을 이어가다 궁을 벗어나려고 했던 게 사실이냐?"

모든 사실을 알게 된 안평 대군은 크게 노하여 운영을 별당*에 가두었다. 운영은 슬픔에 못 이겨 자결*해 버렸다. 이 소식을 들은 김 진사 또한 슬퍼하다 운영의 뒤를 따랐다.

"참으로 슬픈 이야기군요."

김 진사와 운영의 사연을 모두 들은 유영은 이 이야기를 사람들에게 전하겠다고 약속했다. 유영이 꿈에서 깨어나니 김 진사와 운영은 온데간데없었다. 두 사람의 이야기를 적은 책만 있을 뿐이었다.

유영은 책을 가지고 집으로 돌아와 방방곡곡을 돌아다녔다. 이후로 유영을 본 사람은 없었다.

중심인물 프로필

운영

비극의 순정파

성격 사랑에 정열적임

특징 궁녀이지만 안평 대군의 눈을 피해 참된 사랑을 이루고자 함

김 진사

불꽃 로맨티스트

성격 소극적이고 감성적임

특징 운영과 사랑에 빠져 몰래 담을 넘고 결국 그녀를 따라 죽음

안평 대군

집착하는 예술왕

성격 겉모습과 실제가 다름

특징 궁녀들의 삶을 구속하며, 김 진사와 사랑에 빠진 운영을 죽음으로 이끎

작품 속 어휘 쏙

작품에 나온 어휘의 뜻을 읽고 빈칸에 알맞은 어휘를 써 보세요.

어휘	뜻과 예문
대군	왕비가 낳은 아들 예문 수양 (　　　　)은 어린 조카를 몰아내고 왕이 되었다.
진사	조선 시대 과거 시험 중 진사과에 합격한 사람 예문 그는 어릴 적부터 공부를 잘해 (　　　　)에 뽑혔다.
궁인	궁궐 안에서 일하는 사람 예문 새로 들어온 (　　　　)은 궁궐 규칙을 배우느라 바빴다.
궁문	궁궐의 문 예문 임금이 행차하자 (　　　　)이 활짝 열렸다.
궁녀	궁궐에서 임금과 왕비를 모시던 여인 예문 병이 든 왕비 곁에서 (　　　　)들이 시중을 들었다.
금은보화	금, 은, 진주 등의 귀하고 값비싼 물건 예문 궁궐 창고에는 (　　　　)가 산더미처럼 쌓여 있었다.
별당	본채와 떨어져 따로 지은 집이나 방 예문 손님들을 위해 (　　　　)에 이부자리를 마련했다.
자결	스스로 목숨을 끊음 예문 장수가 전쟁에서 패한 책임을 지고 (　　　　)했다.

작품 핵심 엿보기

끝내 이루어질 수 없는 사랑이라니 너무 슬퍼.

고전 소설 중에 이런 **비극적 결말**은 거의 없대.

얼마나 가슴 아팠으면 운영이 스스로 목숨까지 끊었겠어.

평생을 궁 안에 갇혀 사는 만큼 누구보다 **자유**를 간절히 원했을 거야. 그런데 함부로 나가거나 혼인할 수 없는 궁녀의 운명에 좌절하고 만 거지.

김 진사가 따라 죽을 줄은 몰랐어.

사랑이라는 지극히 자연스러운 인간의 감정을 억압하는 당시의 **신분 제도**를 비판하는 거야.

신기하지 않아? 운영과 김 진사는 분명 죽었는데 유영 앞에 나타나 자신들의 이야기를 하잖아.

이런 걸 **액자 소설**이라고 해. 이야기 속에 또 하나의 이야기가 들어 있는 구조가 마치 액자 속에 사진이 들어 있는 것과 닮았잖아.

그러고 보니 유영이 수성궁에서 두 사람을 만난 처음과 마지막 이야기 안에 운영과 김 진사의 비극적 사랑이 들어 있어!

오, 이해가 빠른데?

〈운영전〉은 유영이 꿈을 꾼 이야기라서 **몽유 소설**이라고도 한대.

꿈과 현실을 오간다니 참 신비로워.

작품으로 질문 찾기

생각 질문

1. 운영과 김 진사의 **사랑**을 보고 어떤 마음이 들었나요? 감상

2. 안평 대군이 궁녀들의 **외부 접촉**을 막은 이유는 무엇일까요? 감상+추론

3. 운영이 **자결**을 선택한 가장 큰 이유는 무엇일까요? 감상+추론

4. 〈운영전〉에서 이야기를 **바꾸고 싶은** 부분이 있다면 어디인가요? 감상+비판

논술 질문

운영과 김 진사의 사랑을 떠올려 볼 때,
사랑한다면 과연 어디까지 가능할까요?

사랑을 위해 목숨까지 버릴 수 있다.	VS	사랑을 위해 목숨을 버리는 것은 무모하다.

규중칠우쟁론기

바느질 도구의 말싸움을 통해 풍자한 인간 사회

단숨에 읽기

부인의 방에는 규중* 칠우*가 있다. 바느질하는 데 필요한 도구를 규중 칠우라고 하는데 바늘, 자, 가위, 인두*, 다리미, 실, 골무*이다. 이들에게는 각각 이름이 있었으니 바늘은 세요 각시, 자는 척 부인, 가위는 교두 각시, 인두는 인화 부인, 다리미는 울 낭자, 실은 청홍흑백 각시, 골무는 감토 할미라고 불렀다.

어느 날인가는 칠우가 모여 바느질에 누구의 공이 가장 큰지 이야기하기 시작했다.

"나는 가는 명주*, 굵은 명주, 백저포*, 아름다운 비단 등을 다 펼쳐 놓고 남자, 여자 옷을 마름질*할 때 길고 짧은지, 넓고 좁은지를 다 계산해. 그러니 옷 짓는 공은 내가 최고야!"

척 부인이 긴 허리를 자랑하며 말하자 가위가 나섰다.

"네가 아무리 마름질을 잘해도 내가 자르지 않으며 모양이 나오지 않아."

세요 각시가 가는 허리를 구부리며 말했다.

"너희들은 다 틀렸어. 내가 빨리 움직여서 바느질을 해야 옷이 되지."

이번에는 청홍흑백 각시가 화를 냈다.

"바늘이 아무리 움직여도 내가 옷감을 꿰매지 않으면 성공할 수 있겠어?"

감토 할미가 웃으며 말했다.

"내가 손끝을 아프지 않게 해 주어야 바느질도 할 수 있으니 다들 조용히 하거라."

인화 부인이 나섰다.

"왜 그렇게들 자신이 잘났다는 거야! 어찌어찌 옷을 만들어도 내가 쭉 쭉 펴 주어야 못난 부분들도 가려지는 거야!"

울 낭자가 큰 입을 벌리고 너털웃음을 지었다.

"나도 마찬가지로 어떤 옷이든 고운 모양으로 펼쳐내니 내 공이 가장 커!"

그러자 이번에는 부인이 나섰다.

"칠우 모두 중요하나 사람이 없다면 그것들이 다 무슨 의미일까?"

부인이 잠들자 칠우가 웅성거리며 신세를 한탄했다.

"우리 모두 소임*이 같은데 사람이 자기만 최고라고 하니 슬프구나."

자기를 흉보는 이야기에 부인이 벌떡 일어나 화를 냈다. 그러자 감토 할미가 용서를 빌었다. 부인은 감토 할미만 비단 주머니에 따로 넣었다.

중심인물 프로필

칠우

자부심 끝판왕

성격 자랑하기 좋아함

특징 바느질에 있어 자기가 최고라며 남을 헐뜯고 공을 다툼

부인

안방 CEO

성격 포용력이 없음

특징 칠우의 공을 무시하며 자기의 공만 내세움

작품 속 어휘 쏙

작품에 나온 어휘의 뜻을 읽고 빈칸에 알맞은 어휘를 써 보세요.

어휘	뜻과 예문
규중	결혼한 여자가 생활하는 방 예문 (　　　　)에서 여인들이 바느질과 수를 놓으며 시간을 보냈다.
칠우	부인의 일곱 가지 벗으로 바늘, 실, 가위, 인두, 다리미, 자, 골무를 가리킴 예문 (　　　　) 중 하나라도 없으면 바느질이 제대로 되지 않는다.
인두	불에 달궈 옷감의 주름을 펴거나 풀칠한 부분을 누르는 도구 예문 화로에서 꺼낸 (　　　　)로 비단 저고리의 깃을 눌렀다.
골무	바느질할 때 손가락 끝에 끼는 도구 예문 바늘이 자꾸 손을 찔러서 엄마가 손가락 끝에 (　　　　)를 끼워 주셨다.
명주	누에고치에서 뽑은 실로 짠 고급 천이나 비단 예문 어머니는 (　　　　)로 딸의 혼례복을 지어 주었다.
저포	모시로 짠 천으로 얇고 시원해서 여름 옷감으로 쓰임 예문 할머니는 여름마다 시원한 (　　　　) 치마를 입으셨다.
마름질	옷감을 치수에 맞게 재서 자르는 일 예문 (　　　　)을 정확히 해서 옷이 잘 맞았다.
소임	맡은 바 해야 할 일 예문 반장으로서 내 (　　　　)을 다하기 위해 친구들을 챙겼다.

작품 핵심 엿보기

부인의 일곱 가지 벗이라니, 당시 바느질 도구가 얼마나 중요했는지 알겠어.

조선 시대 여성들에게 바느질은 필수 덕목이자 생계를 유지하는 수단이었거든.

바느질에 쓰는 **일상적인 사물**을 각자의 생김새와 쓰임에 따라 **의인화**해서 생생했어.

서로 자기가 잘났다고 으스대면서 남의 공은 인정하지 않는 모습이 **이기적**이면서도 정말 웃겼지.

어쩌면 가부장제에 억압받던 여성들의 **인정받고 싶은 욕구**를 드러낸 게 아닐까?

맞아. 칠우는 여성들을 대변하는 도구이기도 하니까!

참, 마지막에 부인이 꾸짖자마자 얼른 용서를 비는 감토 할미의 태세 전환 장난 아니더라.

권력에 아첨하는 세태에 대한 비판이 담겨 있지.

결국 **자기 역할에 충실**하게 살아가야 한다는 교훈을 주는 것 같아.

너무 잘난 체하거나 불평하지 말고 말이야.

〈규중칠우쟁론기〉는 조선 시대에 쓰인 **고전 수필**이래.

어쩐지 특별한 형식 없이 자유롭게 쓴 느낌이 들더라.

작품으로 질문 찾기

생각 질문

1. 칠우가 자신의 공을 내세우며 서로 **다툰** 이유는 무엇일까요? 감상

2. 바느질에서 누구의 공이 가장 **크다**고 생각하나요? 감상+비판

3. 칠우의 대화를 듣고 버럭 화를 낸 **부인의 행동**에 대해 어떻게 생각하나요? 감상+비판

4. 바느질처럼 여럿이 **힘을 합쳐** 성과를 낼 수 있는 일에는 무엇이 있을까요? 적용

논술 질문

〈규중칠우쟁론기〉의 내용을 떠올려 볼 때,
다른 사람들과 어떤 일을 함께해 나가려면 무엇이 가장 중요할까요?

경쟁이 중요하다. VS 협력과 인정이 중요하다.

수준 3

핵심 요약 독서

최척전 유충렬전 임경업전 조웅전 배비장전

이춘풍전 광문자전 구운몽 만복사저포기 이생규장전

최척전

전쟁으로 인한 가족의 이별과 재회

단숨에 읽기

전라도 남원에 최척이라는 청년이 살았다. 그는 공부를 더 하고 싶어 정상사라는 선비를 찾아가 제자가 되었다. 그런데 그곳에서 난리를 피해 온 이옥영이라는 아가씨를 만나 사랑에 빠졌다. 둘은 혼인 날짜를 잡고 행복한 미래를 꿈꾸었다.

그러던 어느 날 왜적*이 쳐들어와 최척이 의병*으로 뽑혔다. 최척이 혼인 날짜에 맞춰 돌아올 수 없게 되자, 이웃에 사는 양씨라는 부자가 온갖 재물로 옥영에게 청혼했다. 옥영의 어머니 심씨는 그 청혼을 받아들였다.

"어머니, 저는 최척 말고는 시집가지 않겠습니다."

"네가 뭘 안다고 그러니? 양씨 집안이 훨씬 낫다!"

결국 옥영은 목을 맸다가 간신히 살아났고, 양씨와의 혼인 이야기는 사라졌다. 의병장도 사정을 듣고 최척을 집으로 돌려보냈다. 마침내 최척과 옥영은 혼례를 치를 수 있었다.

둘은 아들 몽석을 낳고 행복하게 살았다. 그런데 왜적이 다시 마을을 덮쳤다. 정유재란이었다. 최척 가족은 지리산으로 피했지만 난리 속에 뿔뿔이 흩어지고 말았다. 몽석은 스님의 도움으로 목숨을 건졌고, 옥영은 남장을 한 덕분에 살았다. 가족을 모두 잃은 줄 알고 절망한 최척은 명나라로 건너가 이곳저곳을 전전했다.

세월이 흘러 어느 날, 일본 배에서 들려오는 염불* 소리에 문득 자신의 신세가 처량하게 느껴진 최척은 피리를 불었다. 조금 뒤 시를 읊는 소리가 들렸다. 그 시는 바로 옥영이 지었던 것이었다. 황급히 뛰쳐나온 두 사람은 서로의 얼굴을 보고 깜짝 놀랐다.

"정말 당신이오?"

"당신이 살아 있었군요!"

멀고 먼 타국 안남*에서 다시 만난 둘은 새로운 삶을 시작했고, 아들 몽선을 낳았다. 몽선은 자라 중국인 홍도라는 여인과 혼인했다.

그 무렵, 명나라와 후금의 전쟁으로 최척이 명나라군으로 출전*했다가 적군의 포로*가 되었다. 그런데 감옥에서 조선군으로 참전*한 큰아들 몽석을 만났다. 부자는 한 호족* 장수의 도움을 받아 간신히 감옥을 탈출해서 고향으로 돌아가게 되었다. 가는 길에 우연히 홍도의 아버지도 만났다.

한편 명나라에 남아 있던 옥영은 남편이 살아 있다면 조선으로 갔을 것이라 생각하고 아들, 며느리와 함께 길을 떠났다. 거센 바다와 해적을 만나 무인도에 이르렀지만, 지나가던 조선 배의 도움으로 무사히 순천 땅에 내렸다. 옛집 앞에 다다르자, 최척과 남은 가족들이 모두 그곳에 있었다.

"어머니!"

이후 그들은 다 같이 오래도록 행복을 누렸다.

중심인물 프로필

최척

의지의 수호자

성격 용맹하고 의지가 강함

특징 전쟁으로 인해 여러 번 가족과 헤어지는 아픔을 겪지만 주어진 책임을 다함

옥영

강인한 해바라기

성격 사랑에 적극적임

특징 어머니의 뜻을 거스르고 최척과 혼인하며, 남장을 한 채 포로 생활을 견딤

작품 속 어휘 쏙

작품에 나온 어휘의 뜻을 읽고 빈칸에 알맞은 어휘를 써 보세요.

어휘	뜻과 예문
왜적	조선 시대에 일본에서 쳐들어온 적군 예문 (　　　　)을 무찌르고 돌아온 병사들이 마을 사람들의 환영을 받았다.
의병	나라를 구하기 위해 백성들이 스스로 만든 군대 예문 전쟁이 일어나자 양반에서 스님까지 다양한 사람들이 (　　　　)이 되었다.
염불	불교에서 부처님의 이름이나 불경을 외는 일 예문 법당 안에서 스님의 (　　　　) 소리가 은은하게 들려왔다.
안남	옛날 베트남을 부르던 이름 예문 최척은 여러 나라를 떠돌다 (　　　　)에 이르렀다.
출전	전쟁이나 시합, 경기 등에 나감 예문 전쟁 준비가 끝나자 장군이 (　　　　) 명령을 내렸다.
포로	전쟁에서 적에게 붙잡힌 사람 예문 청나라 군대가 수만 명의 조선인 (　　　　)를 끌고 갔다.
참전	전쟁에 참가함 예문 그는 전쟁에 (　　　　)하여 한쪽 팔과 다리를 잃었다.
호족	옛날 한 지역에서 힘과 재산이 많아 영향력이 큰 집안 예문 양씨 집안은 대대로 마을의 (　　　　)이었다.

작품 핵심 엿보기

사랑이 깊으면 어떻게든 만나나 봐.

만남과 이별을 몇 번이나 반복한 건지…. 특히 옥영의 강인함이 돋보였어. 남장까지 하면서 억척스럽게 버티잖아.

결혼할 상대를 스스로 선택하는 모습을 보면 능동적인 여성이 틀림없어.

맞아. 조선 시대의 일반적인 여성상과는 달라.

임진왜란, 정유재란이라는 무서운 전쟁 속에서 살아남은 것 자체가 대단해.

명나라와 후금의 전쟁도 빼놓을 수 없지.

그러고 보니 이 작품은 **중국, 일본, 베트남** 등 공간적 배경이 엄청 다양하더라.

다른 고전 소설에서는 쉽게 볼 수 없는 특징이야.

이별이 거듭될수록 전쟁이란 얼마나 무섭고 참혹한지 생생하게 느껴졌어.

전쟁을 배경으로 한 **군담 소설**은 보통 전쟁 영웅이 등장하는데 〈최척전〉은 평범한 백성들을 내세워서 사실적이야.

실제 백성들은 얼마나 힘들었을지 감히 짐작도 못 하겠어.

전쟁 때문에 사랑하는 가족과 헤어지는 건 너무 슬픈 일이야.

작품으로 질문 찾기

생각 질문

1. 전쟁은 인물들의 삶에 어떤 **영향**을 미쳤나요? 감상

2. 거듭된 전쟁 속에서 **이별과 재회**를 반복하는 것은 우연일까요, 인물들의 노력 덕분일까요? 감상+추론

3. <최척전>이 **해피 엔딩**으로 끝난 이유는 무엇 때문일까요? 추론

4. 여러분이 최척이나 옥영이라면 사랑하는 사람과 서로 헤어졌을 때 어떤 **마음**이 들 것 같나요? 적용

논술 질문

전쟁으로 가족과 뿔뿔이 흩어지게 된다면
어떤 마음으로 살아야 할까요?

가족이 없으면 아무 소용없다.	VS	가족이 없더라도 꿋꿋하게 살아야 한다.

유충렬전

역경을 이겨 내고 나라를 구한 영웅의 일대기

단숨에 읽기

중국 명나라에 유심 부부가 살고 있었다. 유심은 명나라 개국 공신*으로 사람됨이 정직하고 충성스러운 데다 재산 또한 많았다. 하지만 부부는 자식이 없어 늘 마음이 허전했다.

"내 무슨 죄를 지어 자식 하나 없는가?"

그러다 정성껏 올린 기도 덕분인지 하늘에서 아이를 내려 주었다. 부부는 나라에 충성을 다하라는 뜻에서 아이의 이름을 충렬이라 지었다. 충렬은 어릴 때부터 영웅적 기상*을 보이더니 문무*가 훌륭한 청년으로 성장했다.

한편 조정에는 어두운 기운이 감돌았다. 간신* 정한담과 최일귀가 반역*을 꾀하며 유심을 모함한 것이다. 그들의 꼬드김에 넘어간 황제는 유심을 귀양* 보냈다. 유심의 가족 또한 뿔뿔이 흩어졌다. 다행히 충렬은 아버지의 친구인 강희주의 집에 머물다 그의 사위가 되었다.

강희주는 유심이 누명을 썼다며 상소*를 올렸다. 하지만 이를 알게 된 정한담과 최일귀가 오히려 그를 역적*으로 몰아 귀양을 가게 되었다. 강희주의 가족도 서로 헤어지게 되었다. 떠나기 전 강희주는 충렬에게 몸을 피해 나중을 기약하라고 말했다. 이에 충렬은 백룡사에 들어가 노승한테 무예와 전쟁하는 법을 배웠다. 그리고 자신의 힘을 발휘할 때를 기다렸다.

그 무렵, 오랑캐가 들이닥쳤다. 정한담과 최일귀는 오랑캐와 싸우러 나갔지만 이내 배신하여 명나라를 공격했다.

황제가 항복하기로 마음먹던 그때, 충렬이 나타났다. 그는 단숨에 적장의 목을 베고, 오랑캐 왕과 정한담 일당을 사로잡았다. 또한 황실 사람들은 물론 유배지에 있던 유심과 강희주도 구했다. 충렬은 명나라의 영웅으로 우뚝 섰다.

“충렬, 네가 나라를 구했구나!”

황제의 목소리에 모두가 환호했다.

전쟁을 끝내자 나라에 평화가 찾아왔다. 충렬은 그동안 죽은 줄만 알았던 어머니와 아내도 다시 만났다.

“정말 보고 싶었소!”

그 후 충렬은 높은 벼슬을 받아 오래도록 부귀영화를 누리며 살았다.

중심인물 프로필

유충렬

정의로운 영웅

성격 어렸을 적부터 재주가 뛰어남

특징 간신의 모함으로 여러 시련을 겪지만 결국 나라를 위기에서 구함

정한담·최일귀

교활한 악당

성격 목적을 위해 물불 안 가림

특징 황제를 몰아내고 그 자리를 차지하려는 야망을 가짐

황제

어리석은 지도자

성격 무능하고 어리석음

특징 정한담과 최일귀의 꼬드김에 넘어가 충신을 귀양 보내고 반란군에 쫓김

작품 속 어휘 쏙

작품에 나온 어휘의 뜻을 읽고 빈칸에 알맞은 어휘를 써 보세요.

개국 공신	나라를 세우는 데 큰 공을 세운 사람 예문 정도전은 새로운 왕조의 (　　　　)으로 역사에 이름을 남겼다.
기상	사람의 타고난 마음씨나 겉으로 드러난 모양 예문 고구려 벽화에는 고구려인의 힘찬 (　　　　)이 담겨 있다.
문무	글과 무예를 아울러 이르는 말 예문 그는 (　　　　)를 다 갖춘 인재로 왕의 인정을 받았다.
간신	임금이나 주인을 속이고 해롭게 하는 신하 예문 (　　　　)의 거짓말 때문에 충신들이 억울하게 옥에 갇혔다.
반역	나라와 임금을 배신하고 힘을 빼앗으려고 함 예문 (　　　　)에 가담한 죄인들은 모조리 사형에 처했다.
귀양	죄를 지은 사람을 먼 지방으로 보내는 형벌 예문 수양 대군은 자신의 동생마저 강화도로 (　　　　) 보냈다.
상소	임금에게 글로 올리는 의견이나 건의 예문 세금을 올리자 반대하는 (　　　　)가 빗발쳤다.
역적	나라를 배신한 죄인 예문 조선 시대에 (　　　　)으로 몰리면 한집안이 모조리 죽임을 당했다.

작품 핵심 엿보기

여러 고난을 극복한 유충렬의 모습은 진정한 영웅다워!

어릴 때부터 영웅적 면모를 보였다고 하더니 **영웅 소설**의 일반적인 흐름이 느껴져.

나라에 닥친 위기도 유충렬 혼자서 해결하잖아.

간신 정한담, 최일귀와 함께 **선과 악의 대립**이 분명해서 흥미진진했어.

그런데 너무 비현실적이지 않아?

영웅은 아무나 하는 게 아니라고! 고귀한 혈통으로 태어나 시련을 겪고 극복까지 한 사람의 일대기를 다루고 있기 때문에 **전기적인 특성**도 잘 드러나는 것 같아.

중국 **명나라**가 배경이지?

유충렬의 아버지가 명나라 개국 공신이니까 그렇지.

〈유충렬전〉은 조선 후기 작품으로 추정된대.

병자호란이 일어났을 때네? 유충렬이 오랑캐를 무찌르는 내용은 현실과 달라.

소설에서나마 통쾌하게 복수하고 민족적 자존심을 회복하고 싶었던 게 아닐까?

맞아. 이런 게 바로 소설의 역할이라고!

작품으로 질문 찾기

생각 질문

1. 유충렬의 행동 중 가장 **인상 깊은** 것은 무엇인가요? 감상

2. 나라에 위기가 닥쳤을 때 **앞장서서** 싸워야 할 사람은 누구인가요? 감상+추론

3. 정한담과 최일귀 같은 반역자는 어떤 **처벌**을 받아야 할까요? 감상+비판

4. 오늘날에는 모함으로부터 **진실**을 어떻게 지킬 수 있을까요? 적용

논술 질문

나라를 위해 모든 것을 바치는 영웅들을 떠올려 볼 때,
이런 위기 상황에서 무엇을 더 우선해야 할까요?

가족을 먼저 지켜야 한다. VS 나라를 먼저 지켜야 한다.

임경업전

나라의 위기를 홀로 짊어진 장수의 비극

단숨에 읽기

조선 시대 충청도 충주 달천에서 임경업이라는 사람이 태어났다. 그는 어린 나이에 아버지를 여의었지만, 밤이면 병서*를 읽고 낮에는 무예에 힘쓰며 자신을 갈고닦았다. 스물다섯에는 무과*에 급제해서 벼슬에 오른 뒤 사신* 이시백을 따라 명나라에 갔다.

그때 오랑캐 가달의 침략을 받은 호국*이 명나라에 도움을 청하러 왔다.

"호국을 구할 자 누구인가?"

한 신하가 경업을 추천하자 호왕은 그에게 가달을 물리치라 명했다. 경업은 장졸*들과 함께 호국을 도와 멋지게 승리를 거두었다. 경업 덕에 나라를 구한 호국은 점점 강해져 조선까지 공격하기로 마음먹었다. 하지만 조선이 경업을 의주 부윤*으로 내세워 국경을 지키고 있으니 의주를 피해 한양으로 쳐들어갔다.

인조는 급히 남한산성으로 피신했으나 항복하고 만다. 싸움에서 승리한 호국의 용골대가 돌아갈 준비를 할 때, 의주에 있던 경업이 적을 무찌르려고 했지만 세자와 대군이 인질*로 잡혀 끝내 뜻을 이루지 못했다.

이후 호왕은 명나라도 치겠다며 조선에게 경업을 대장으로 보내라고 했다. 경업은 조선이 항복한 상황이라 어쩔 수 없이 호국에 갔으나, 명나라와의 옛 인연 때문에 싸울 마음이 없었다. 그래서 명나라에 편지를 보내 호국에 거짓으로 항복하게 했다. 이 사실을 알게 된 호왕은 즉시 경업을 잡아 오라고 명했다.

그는 잡히지 않으려 산속으로 도망쳤고 스님이 되어 명나라로 달아났다. 경업은 명나라 장군 황자명과 함께 호국을 공격하고자 했지만 스님 독보의 배신으로 모든 계획이 들통나고 말았다.

"나의 신하가 된다면 높은 벼슬과 많은 재물이 따를 것이다!"

호왕의 회유*에도 경업은 고개를 가로저었다. 자기 목숨을 구걸하지 않는 모습에 감동한 호왕은 인질로 잡힌 세자 일행과 경업을 조선으로 돌려보냈다.

한편 조정에서는 김자점의 위세가 하늘 높은 줄 모르고 치솟았다. 김자점은 경업이 있다면 자신이 조선을 차지할 수 없다고 생각하여 몰래 그를 죽였다. 어느 날 인조의 꿈에 경업이 나타나 모든 사실을 고했다. 인조는 반역을 꾀한 김자점을 잡아 처형했고, 경업과 그의 가문에 큰 상을 내렸다.

중심인물 프로필

임경업

용맹한 수호자

성격 용맹하고 충성심이 높음

특징 명나라 대신 호국을 구하고, 죽음을 코앞에 두고도 나라를 먼저 생각함

호왕

간사한 전략가

성격 권위적임

특징 과거 도움을 받았던 임경업의 용맹함을 두려워하면서 높이 평가함

김자점

야비한 간신

성격 욕심이 많음

특징 임금에게 충성하는 척하지만, 반역을 꾀하다 충신 임경업을 죽게 함

작품 속 어휘 쏙

작품에 나온 어휘의 뜻을 읽고 빈칸에 알맞은 어휘를 써 보세요.

병서	군사를 지휘하여 전쟁하는 방법을 다룬 책 예문 장군은 전투 전에 (　　　　)를 읽으며 틈틈이 전략을 짰다.
무과	고려·조선 시대에 무관을 뽑던 시험 예문 (　　　　)에서는 말타기, 활쏘기 등의 실력을 평가했다.
사신	나라의 명령을 받아 다른 나라에 파견되는 사람 예문 중국에 다녀온 (　　　　)들이 조선에 천주교를 소개했다.
호국	예전에 청나라를 이르던 말 예문 (　　　　)의 군대가 한양을 포위했다.
장졸	장수와 군사 예문 (　　　　)들이 함성을 지르며 전장으로 돌진했다.
부윤	조선 시대의 의주, 개성 등 주요 지방의 관리 예문 그는 의주 (　　　　)으로 임명되었다.
인질	어떤 약속을 지키도록 잡아 두는 사람 예문 세자와 대군이 청나라의 (　　　　)로 잡혀갔다.
회유	달래어 자기 뜻에 따르게 함 예문 고려는 여진족을 (　　　　)하려고 벼슬과 재물을 약속했다.

작품 핵심 엿보기

캬~ 또 하나의 멋진 **군담 소설**을 읽었어!

그거 알아? 임경업이 **조선 인조** 때 있었던 인물이래.

이 작품에 잠깐 등장했던 이시백, 김자점도 그렇다면서? 실제 사건인 **병자호란**을 배경으로 하고 말이야.

그런데 〈임경업전〉은 다른 고전 소설하고 좀 달라. 임경업이 죽으면서 **비극적 결말**로 끝나거든.

정말 그러네. 주인공의 죽음을 통해 현실이 얼마나 정의롭지 못한지 보여 준 걸까?

맞아. 병자호란으로 조선은 짓밟히고 인조는 도망가잖아.

그런 상황에서도 임경업은 명나라가 거짓으로 항복하게 해서 호국, 명나라 모두 피해를 최소화한 게 인상 깊었어.

의리를 잃지 않으면서 현실적이지.

임경업은 당시 백성들에게 인기가 있었을까?

당연하지! **민족적 영웅**인걸. 그의 충성심과 절개를 따를 자가 없어.

그래서 호왕도 감동한 거구나.

이런 인재가 있어 나라를 지킬 수 있었는데 제대로 뜻을 펼치지 못해서 안타까울 뿐이야.

작품으로 질문 찾기

생각 질문

1. 임경업의 장점이 가장 **잘 드러난** 장면은 어디인가요? 감상

2. 여러분이 **임경업이라면** 자기 나라를 지켜달라는 호왕의 요구에 대해 어떻게 행동했을까요? 적용

3. 김자점이 임경업을 **죽인 행동**에 대해 어떻게 생각하나요? 감상+비판

4. 나라가 위태로울 때 **군담 소설**은 백성들에게 어떤 역할을 할까요? 추론

논술 질문

만약 임경업이 호왕의 분노를 샀다면 누구도 목숨을 구하기 어려웠을 거예요.
이런 위험한 상황에 놓이면 무엇이 더 중요할까요?

나라보다 내 목숨이 소중하다.	VS	나라를 위해서 내 목숨을 아껴선 안 된다.

조웅전

간신과 맞서 위태로운 나라를 일으킨 영웅의 활약

단숨에 읽기

중국 송나라 문제 때 조정인이라는 충신이 있었다. 좌승상*이었던 그는 나라의 난을 정리한 공을 인정받아 큰 상과 벼슬을 받았다. 그러나 이를 못마땅하게 여긴 이두병의 참소*로 인해 자결하고 말았다. 슬픔에 빠진 황제는 조정인의 아들, 조웅을 태자와 같이 지내게 했다.

그러던 어느 날 황제가 세상을 떠났다. 서둘러 장례를 마친 이두병은 태자를 남해의 어느 섬으로 귀양 보내더니 스스로 황제가 되었다. 이를 본 조웅이 궁궐 담벼락에 황제를 욕하는 글을 써 붙이자, 조웅의 어머니는 아들을 데리고 급히 도망쳤다. 그러다 월경 대사를 만나 강선암에 머무르게 되었다. 조웅은 그곳에서 월경 대사에게 글과 술법*을 배웠다.

“이제 세상에 나가 제 뜻을 펼치겠습니다.”

15세가 되던 해, 조웅은 어머니와 헤어져 바깥세상으로 나왔다. 그리고 한 노인을 만나 ‘조웅검’이라 적힌 신검*을 얻고, 그가 말한 도사를 찾아가 전쟁하는 법과 무술을 익혔다. 하루는 조웅 앞에 천리마*가 나타났는데 우연히 장 진사의 딸 장 소저의 목숨을 구하고 그녀와 혼인을 약속했다.

이후 조웅은 월경 대사에게 가르침을 받아 오랑캐와 역적 이두병을 물리쳐 송나라 황실을 일으키고자 했다. 그런데 서번이 위국을 침략했다. 조웅이 위국을 돕기 위해 전쟁에 나가자, 죽은 장수가 나타나 갑옷과 투구, 보검*을 주었다. 단단히 무장한 조웅은 천리마를 타고 순식간에 서번을 무찔렀다.

조웅은 태자를 구하러 남쪽으로 달렸다. 태자가 죽음을 앞둔 순간, 조웅이 태자를 구출했다. 뒤이어 호걸*들과 함께 이두병이 임명한 지방 관리들을 하나하나 처단*하고 나서야 위국으로 향했다.

위왕의 청으로 태자와 그의 맏딸을 혼인시킨 조웅은 강선암에 가서 어머니와 혼인을 약속했던 장 소저를 다시 만났다. 그 후 위왕과 수십만 대국을 이끌고 황성을 쳐서 이두병을 끌어내렸다.

이렇게 송나라 황실은 다시 일어나게 되었다. 태자는 황제에 오르고 조웅은 서번을 다스리며 행복하게 살았다.

중심인물 프로필

조웅

나라의 충신

성격 용감하고 정의로움

특징 이두병 때문에 아버지를 잃고 위기를 겪으나 극복하여 송나라를 바로 세움

이두병

야비한 독재자

성격 자기보다 뛰어난 사람을 못 견딤

특징 조웅의 아버지를 모함하여 죽이고 스스로 황제가 됨

작품 속 어휘 쏙

작품에 나온 어휘의 뜻을 읽고 빈칸에 알맞은 어휘를 써 보세요.

좌승상	임금 가장 가까이에서 나랏일 전반을 책임지는 최고 관직 예문 조정의 대신들은 (　　　)의 결단에 모두 뜻을 따랐다.
참소	남을 해치려고 거짓으로 꾸며 윗사람에게 알림 예문 권력에 눈이 먼 간신들이 충신을 (　　　)했다.
술법	꾀와 기술 예문 사람들은 점쟁이가 미래를 내다보는 (　　　)을 지녔다고 믿었다.
신검	특별한 힘을 지닌 칼 예문 전설에 따르면 (　　　)을 얻는 자가 세상을 구한다고 했다.
천리마	하루에 천 리를 달릴 수 있을 만큼 빠른 말 예문 (　　　)가 먼지바람을 일으키며 순식간에 적진을 뚫었다.
보검	값지고 귀한 칼 예문 왕실 창고 깊숙이 (　　　) 한 자루가 보관되어 있었다.
호걸	지혜와 용기가 뛰어난 사람 예문 나라를 지키기 위해 여러 (　　　)들이 모였다.
처단	잘못을 저지른 사람을 법, 권력으로 엄하게 벌함 예문 영웅이 악당을 (　　　)하자 마침내 나라에 평화가 찾아왔다.

작품 핵심 엿보기

조웅은 온갖 시련 속에서도 위왕을 도와 서번을 무찔렀고, 태자를 구해 이두병까지 물리쳤어!

영웅이라 해도 손색없지.

그런데 〈조웅전〉은 다른 **영웅 소설**과 다른 것 같아.

맞아. 보통 영웅이라면 태몽 등 탄생 자체가 신비롭거나 타고난 초월적인 능력이 있는데 조웅은 아니지.

그래서 오히려 백성들이 조웅에게 감정 이입하기가 쉽지 않았을까?

그럴 수 있겠다. 게다가 이 작품은 한글로 쓰인 **국문 소설**이래.

한문 소설보다 널리 읽혔겠는걸?

응, 조웅이 장 소저와 만날 때도 **자유연애**를 했다는데 당시에는 이런 일이 흔하지 않아서 더 흥미로웠을 거야.

주인공을 돕는 **조력자**도 빼놓을 수 없어.

조웅검을 건넨 노인이나 병법과 무술 가르쳐 준 도사처럼?

모처럼 손발이 척척 맞는군. 그렇게 여러 도움을 받아 이두병에 대적할 수 있는 영웅으로 성장하는 모습이 재밌었어.

이 맛에 영웅 소설 읽는 거지.

작품으로 질문 찾기

생각 질문

1. 〈조웅전〉에서 가장 **인상 깊은** 장면은 어디인가요? 감상

2. 조웅이 **영웅으로 활약**할 수 있도록 도움이 된 것들은 무엇이고, 각각 어떤 역할을 했나요? 감상

3. 황제는 조웅의 아버지를 **지키지 못한** 것에 대해 어떻게 생각할까요? 감상+추론

4. 조웅의 천리마처럼 삶에 **도움을 주는** 것은 무엇이 있나요? 적용

논술 질문

〈조웅전〉의 내용을 떠올려 볼 때,
영웅이 되려면 어떤 조건이 필요할까요?

도움을 주는 물건이나 사람이 있어야 영웅이 될 수 있다.	VS	진짜 영웅은 도움 없이 모든 것을 스스로 해내야 한다.

배비장전

똑똑한 척, 고고한 척하는 양반의 이중적인 모습

단숨에 읽기

한양에 문장을 잘 쓰고 재능이 뛰어난 김경이라는 양반이 있었다. 그는 어린 나이에 제주 목사*가 되어 여섯 명의 비장*과 제주로 가게 되었다. 그중에는 배 비장이라는 자도 있었다. 배 비장은 팔도강산을 돌아다니며 좋은 경치라면 안 가 본 데가 없었지만 제주는 아직 구경하지 못했다.

"제주에 가면 미녀들이 많다 하니 조심하세요! 넘어가는 순간 당신은 불효자가 되는 거예요."

기뻐하는 배 비장을 향해 아내가 신신당부했다.

배 비장은 전령패*를 차고 김경을 따라나섰다. 이윽고 제주의 망월루에 도착해 보니 웬 남녀 한 쌍이 이별하고 있었다. 전 사또를 모시던 정 비장과 제주의 이름난 기생* 애랑이었다. 애랑의 흐느끼는 모습에 정 비장은 자신이 가진 옷, 칼, 심지어 이빨까지 뽑아 주었다.

"허허, 한심한 장부*구나. 여자에게 넘어가 저러고 있다니 꼴이 말이 아니다."

이를 지켜보던 배 비장이 비웃었다. 그러자 방자*가 배 비장도 넘어갈 거라며 내기를 하자고 했다. 두 사람이 입씨름을 벌이는 사이 새 목사를 맞이하는 잔치가 열렸다. 그 자리에는 기생들도 있었다. 내기 때문에 배 비장이 홀로 앉아 있자 김경은 다른 비장들, 방자, 애랑과 짜고 배 비장을 시험하기로 했다.

새벽녘 김경과 비장, 기생들은 꽃놀이를 갔다. 배 비장은 여기서도 남의 노는 모습을 비웃으며 글을 읊다가 우연히 한 여인의 목욕하는 모습을 보았다. 바로 애랑이었다. 날이 저물어 다들 길을 떠나려는데 배 비장이 꾀병을 부렸다. 일을 꾸민 사람들은 배 비장이 이러는 이유를 눈치챘지만 모른 체했다. 배 비장은 곧장 방자를 시켜 여인에게 마음을 전했다. 하지만 애랑은 이미 혼인했다며 거절했다.

결국 상사병*에 걸리고 만 배 비장은 방자에게 돈을 주며 애랑과의 만남을 애걸*했다. 배 비장은 남이 볼까 거지꼴을 하고 개구멍을 통해 애랑을 만났지만, 남편이 들이닥치자 놀란 나머지 자루와 궤짝에 숨었다.

사실 남편인 척 한 사람은 방자였다. 그는 꿈에서 궤짝에 귀신이 붙었다는 말을 들었다며 궤짝을 불태우자고 했다. 또 도끼로 궤짝을 토막 내려다가 바다에 내다 버리기로 했다. 그러나 궤짝은 물에 던지듯 관청 앞마당에 놓였다. 배 비장은 바다에 던져진 줄 알고 허우적대며 나왔다. 그 모습을 본 사람들이 모두 웃음을 참지 못했다.

중심인물 프로필

배 비장

흔들리는 갈대

성격 겉모습과 실제가 다름

특징 여자를 가까이하지 않겠다는 약속을 했지만, 애랑에게 넘어가 망신당함

방자

꾀 많은 장난꾼

성격 치밀하고 적극적임

특징 배 비장의 약점을 밝히기 위해 일을 꾸미고 애랑의 남편으로 가장함

애랑

매력 만점 여인

성격 지혜로움

특징 빼어난 미모로 제주 목사와 짜고 배 비장을 유혹하여 골탕 먹임

제주 목사

계획적 지휘자

성격 재능이 뛰어남

특징 혼자만 똑똑한 척, 깨끗한 척하는 배 비장을 놀리기 위해 몰래 계획을 세움

작품 속 어휘 쏙

작품에 나온 어휘의 뜻을 읽고 빈칸에 알맞은 어휘를 써 보세요.

어휘	뜻과 예문
목사	조선 시대에 지방을 다스리던 관리 예문 마을 사람들은 새로 온 ( )가 어떤 사람인지 궁금했다.
비장	조선 시대에 목사나 관찰사를 따라다니던 벼슬 예문 ( )은 관찰사의 지시를 받아 고을 곳곳을 점검했다.
전령패	조선 시대에 관리들이 나랏일을 할 때 자기 신분을 증명하는 패 예문 배 비장은 ( )를 내보이며 관아로 들어갔다.
기생	노래와 춤으로 손님을 즐겁게 하던 여자 예문 망월루에 이름난 ( ) 애랑이 있었다.
장부	씩씩하고 떳떳한 남자 예문 ( )라면 한번 한 약속은 반드시 지켜야 한다.
방자	양반을 따라다니며 허드렛일하던 하인 예문 외출하고 돌아온 주인을 위해 ( )가 씻을 물을 준비했다.
상사병	누군가를 너무 그리워해서 생기는 병 예문 부모의 반대로 임과 헤어진 여인은 ( )에 걸리고 말았다.
애걸	소원을 들어달라고 애처롭게 빎 예문 결국 꼬리가 잡힌 도둑이 한 번만 용서해 달라고 ( )했다.

작품 핵심 엿보기

나 〈배비장전〉 읽고 배꼽 잡았어!

양반 체면이 말이 아니던데? 너무 우스꽝스러워.

이렇게 웃기고 재밌는 이야기를 담은 소설을 **골계 소설**이라고 한대.

한마디로 옛날 개그구나!

그렇지. 특히 점잖은 척하던 배비장이 애랑의 남편에게 들킬까 봐 궤짝에 숨은 게 최고야.

겉과 속이 다른 **양반들의 이중성**을 보여 주려고 한 것 같아.

방자의 역할이 아주 컸지.

맞아. 〈춘향전〉에선 그저 조용히 일하는 정도였다면 〈배비장전〉 속 방자는 적극적이야.

허드렛일을 하던 하인이 상전의 **위선**을 파헤치고 놀리는 모습을 보면서 신분이 낮은 사람들이 얼마나 통쾌했겠어.

소설을 통해서라도 그간 억눌려 있던 마음이 좀 풀렸겠다.

나라도 그랬을걸?

잘못된 것을 비웃거나 놀리는 내용의 **풍자 소설**은 언제 봐도 재밌어.

작품으로 질문 찾기

생각 질문

1. 궤짝에서 나오는 배 비장의 모습이 **웃긴 이유**는 무엇일까요? 감상+추론

2. 제주 목사와 방자가 합세하여 배 비장을 **시험**한 것에 대해 어떻게 생각하나요? 감상+비판

3. 애랑이 배 비장 시험하는 일을 **거든 것**은 잘한 일일까요? 감상+비판

4. 어떠한 **유혹**에도 빠지거나 흔들리지 않으려면 어떻게 해야 할까요? 적용

논술 질문

겉과 속이 다른 배 비장을 시험한 것처럼
진실을 알기 위해 사람을 시험해도 괜찮을까요?

겉과 속이 다른 사람이라면 시험해도 된다.	VS	아무리 겉과 속이 달라도 사람을 시험하는 것은 예의가 아니다.

이춘풍전

무능한 가장을 구원한 슬기로운 여성의 활약

단숨에 읽기

조선 숙종 때 한양에 이춘풍이라는 사람이 살았다. 봄 춘, 바람 풍, 봄바람이라는 이름을 가진 그는 부잣집 외동아들이었다. 그러나 부모님이 돌아가시고 난 뒤에는 매일 술을 마시고 노름*만 하다가 가산*을 탕진*하고 말았다.

돈이 떨어지니 같이 놀던 친구들이나 기생도 춘풍을 모른 체했다. 그제서야 집으로 돌아간 그는 자신의 잘못을 뉘우치고 경제권도 아내에게 맡기겠다는 약속을 했다.

춘풍의 아내는 그때부터 바느질, 길쌈*으로 열심히 돈을 모아 몇 년 만에 집과 땅을 되찾고 살림이 넉넉해졌다. 그러자 춘풍의 옛 버릇이 다시 나와 술과 노름을 즐기기 시작했다. 또 재산을 담보*로 호조* 돈 이천 냥을 빌려 평양에 장사하러 가겠다고 했다.

"서방님, 제발 가지 마세요. 정신 차리고 살기로 했잖아요."

춘풍은 자신의 앞길을 막지 말라며 집안 재물을 다 털어 떠났다. 평양에 도착해서는 한 객사*에 머물렀다. 그런데 앞집에는 평양의 이름난 기생 추월이가 살고 있었다. 그녀는 춘풍에게 돈이 있다는 사실을 알고 일부러 접근했다. 춘풍은 추월에게 빠져 일 년도 안 되어 돈을 모두 빼앗기고 추월의 집에서 머슴*으로 살게 되었다.

한편 남편이 돌아오길 기다리던 춘풍의 아내는 소식을 듣고 추월에게 복수하기로 결심했다. 때마침 뒷집에 사는 김 참판이 평양 감사가 되자 자신의 오라버니를 비장으로 데려가 달라고 부탁했다. 그렇게 춘풍의 아내는 남자로 변장하여 추월의 집을 찾아갔다. 춘풍의 아내는 추월을 매질하여 벌하고 이자까지 오천 냥을 갚으라고 명했다. 춘풍에게는 그 돈을 받아 한양으로 돌아와서 관아에 빌린 돈을 갚고, 다시는 술과 노름을 하지 말라고 했다.

하지만 집으로 돌아온 춘풍은 마치 자신이 장사를 잘해서 돈을 번 것처럼 허세를 부렸다.

"안주도 좋지 않고 술맛도 없다. 평양에서는 추월이와 호강하며 지냈는데…."

춘풍의 아내가 차려온 술상을 보며 추월과 비교까지 했다. 화가 난 춘풍의 아내는 밖으로 나가 비장 차림을 하고 나타났고, 춘풍은 깜짝 놀라 쩔쩔맸다. 비장이 자고 가겠다며 옷을 벗어 던지자 그제야 그가 자신의 아내라는 사실을 알아차렸다. 춘풍은 자신의 잘못을 부끄럽게 여기며 아내와 행복하게 살았다.

중심인물 프로필

이춘풍

철부지 허세꾼

성격 무능하고 허세가 가득함

특징 가정을 돌보지 않고 술, 노름, 기생에 빠져 재산을 탕진함

춘풍 아내

슬기로운 살림꾼

성격 생활력이 강하고 지혜로움

특징 놀고먹는 남편을 대신하여 집안을 일으키고 춘풍도 변화시킴

추월

치명적 유혹녀

성격 얍삽하고 계산적임

특징 춘풍을 꾀어 돈을 쓰게 하다가 다 떨어지자 머슴으로 부림

작품 속 어휘 쏙

작품에 나온 어휘의 뜻을 읽고 빈칸에 알맞은 어휘를 써 보세요.

노름	돈이나 물건을 걸고 승부를 겨루는 놀이, 도박 예문 삼촌은 젊을 때 ( )에 빠져 큰 빚을 졌다.
가산	집안의 재산 예문 그는 평생 모은 ( )을 자식들에게 나누어 주었다.
탕진	재산이나 시간 등을 다 써 버림 예문 쓸데없는 물건을 사느라 용돈을 ( )했다.
길쌈	베나 천을 짜는 일 예문 마을 아낙들은 겨울을 나기 위해 다 함께 ( )을 했다.
담보	빚을 갚지 못했을 때 대신 내놓는 물건이나 재산 예문 은행에서 돈을 빌리며 집을 ( )로 맡겼다.
호조	조선 시대에 있었던 여섯 부서 중 하나로 세금에 관한 일을 함 예문 ( )에서는 세금을 거두고 나라 살림을 관리했다.
객사	나그네가 묵는 집 또는 벼슬아치가 지방에 나갔을 때 머물던 숙소 예문 ( )는 고을의 중요한 회의나 손님 접대에 사용되었다.
머슴	농사일과 잡일을 해 주고 대가를 받는 사내 예문 ( )은 아무리 날씨가 더워도 쉬지 않고 집안일을 도왔다.

작품 핵심 엿보기

<이춘풍전>은 여러 모로 **교훈적**인 이야기였어.

이춘풍과 아내의 생활 태도가 너무 달라서 흥미로웠지.

이춘풍도 참 너무해. 재산을 다 날린 것도 모자라 기생에게 빠지다니….

허세만 가득한 **가부장적인 남성**을 비판하고 싶었던 것 같아.

이런 걸 **세태 소설**이라고 한대. 사람들이 사는 모습이나 현실을 그대로 보여 주는 거지.

이 작품이 쓰인 조선 후기에 양반들이 많이 무너졌다던데?

나라를 다스리는 사람들도 서로 싸우느라 혼란한 시기였대.

그러니 사회에 불만을 가진 채로 무언가 비판하는 이런 소설도 나왔던 거구나.

맞아. 나는 춘풍 아내가 정말 책임감 있고 멋졌어. 당시에 보기 드문 **진취적인 여성상**이야.

남편이 망하게 한 집안도 일으켰지.

이춘풍을 **개과천선**시킨 게 더 대단해.

저런 아내를 만나다니 이춘풍은 전생에 나라를 구한 게 분명해.

작품으로 질문 찾기

생각 질문

1. 이춘풍이 **술과 노름**을 즐길 수 있었던 이유는 무엇일까요? 감상

2. 춘풍 아내의 행동 중 가장 **인상 깊은** 것은 무엇인가요? 감상

3. 여러분이 **춘풍 아내라면** 이춘풍과 추월을 찾아가 어떻게 했을까요? 적용

4. 오늘날에도 이춘풍처럼 **쾌락에 빠져 사는** 사람에게 어떤 말을 해 주고 싶나요? 적용

논술 질문

이춘풍처럼 잘못을 계속 저지르는 사람을 보면 어떻게 대해야 할까요?

잘못을 반복하는 사람에게도 기회를 주어야 한다.	VS	잘못을 반복하는 사람과는 멀어져야 한다.

광문자전

실학자 박지원이 쓴 거지를 통해 보여 준 새로운 인물상

단숨에 읽기

거지 광문은 예전부터 종루 시장을 돌아다니면서 밥을 빌어먹었다. 길거리에 사는 거지 아이들은 광문을 우두머리*로 삼고 소굴을 지키게 했다.

춥고 진눈깨비가 내리던 어느 날, 거지 아이들이 밥을 빌러 나갔다. 그런데 한 아이가 아파 따라가지 못했다. 광문은 그 아이가 불쌍해서 직접 밖으로 나가 밥을 얻어 왔다. 하지만 아이는 이미 죽은 뒤였다.

거지 아이들은 광문을 의심하더니 두들겨 내쫓았다. 늦은 밤 광문은 한 집에 들어갔다가 도둑으로 잡혔다. 집주인은 광문의 순박한 모습에 오해를 풀었고, 광문은 거적때기를 얻어 그 집을 나왔다.

집주인은 광문의 행동을 이상하게 여겨 그를 뒤따랐다. 이윽고 광문이 도착한 곳은 한 아이의 시체가 있는 곳이었다. 거지 아이들이 시체를 끌어다 수표교* 아래로 내던지자, 광문은 그것을 거적때기에 싸서 짊어지더니 서문 밖 무덤 사이에 묻었다.

"도대체 이게 다 무슨 일이요?"

광문은 사연을 묻는 집주인에게 그간의 상황을 말했다. 집주인은 광문을 의롭게 여겨 집으로 데려와 옷도 입히고, 약방 부자한테 소개해 주었다.

그렇게 세월이 흘러 어느 날, 약방 부자의 돈이 없어졌다. 그는 광문을 물끄러미 쳐다보았다. 하지만 광문은 무슨 영문인지 몰라 아무 말도 할 수 없었다.

"아저씨, 지난번에 안 계셔서 제멋대로 방에 들어가 돈을 빌려 갔어요."

약방 부자의 처조카가 빌린 돈을 돌려주자 약방 부자는 그제서야 광문을 의심했던 것을 부끄러워하며 그에게 사과했다. 약방 부자는 주변 사람과 장사치*들에게 광문을 좋은 사람이라 칭찬했다. 광문의 이야기가 사람들 사이에 널리 퍼지며 몇 달 사이 사대부까지도 광문을 옛날에 살던 훌륭한 사람의 이름처럼 알게 되었다.

사실 광문은 외모가 변변치 않았다. 말솜씨도 부족했고 입이 커서 두 주먹이나 들어갔다. 나이 마흔이 되도록 총각이라 사람들이 혼인을 권하면 그는 자신의 외모 때문에 할 수 없다고 말했다. 하지만 망석중놀이*는 물론 철괴춤*도 잘 추었다.

하루는 지체 높은 우림아*, 별감*, 부마도위* 등이 한양의 이름난 기생을 찾아갔다. 그중 운심이라는 기생은 쉽게 춤을 보여 주지 않았다. 그런데 광문이 무릎을 치며 콧노래를 부르자 운심도 한바탕 칼춤을 추었다. 이 모습을 본 사람들은 광문과 친구가 되고 싶어 했다.

중심인물 프로필

광문

순박한 의리남

성격 의롭고 마음이 따뜻함

특징 못생긴 거지이지만 남의 일을 내 일처럼 생각하며 다른 사람들에게 인정받음

집주인

따뜻한 관찰자

성격 남을 돕기 좋아함

특징 죽은 아이를 묻어 주는 광문의 의로움을 알아보고 약방 부자한테 추천함

약방 부자

강력한 입소문꾼

성격 신중하고 정직함

특징 근거 없이 광문을 의심했던 자신을 반성하며 그의 성품을 널리 퍼뜨림

운심

매혹 댄서

성격 도도하며 자존심이 강함

특징 유명한 기생으로 아무한테나 춤을 보여 주지 않으나 광문에게는 반응함

작품 속 어휘 쏙

작품에 나온 어휘의 뜻을 읽고 빈칸에 알맞은 어휘를 써 보세요.

어휘	뜻과 예문
우두머리	어떤 일이나 단체에서 으뜸인 사람 예문 사냥꾼들은 ( )의 지시에 따라 숲속에 들어갔다.
수표교	조선 시대에 한양 청계천에 놓인 다리 예문 한양 사람들은 ( )를 지나며 강물을 바라보았다.
장사치	장사하는 사람을 낮잡아 이르는 말 예문 시장 입구에는 각종 장식품을 파는 ( )들로 빼곡했다.
망석중놀이	음력 4월에 하던 말 없는 인형극 예문 축제 날, 아이들이 삼삼오오 모여 ( )를 구경했다.
철괴춤	중국의 신선인 이철괴를 흉내 낸 춤 예문 그는 힘차게 ( )을 추며 솜씨를 뽐냈다.
우림아	조선 시대에 궁궐을 지키던 병사 예문 ( )는 궁궐을 호위하는 임무를 맡았다.
별감	궁중 각종 행사에 참여하거나 임금이 행차할 때 호위하던 사람 예문 임금이 외출할 때마다 ( )이 곁을 지켰다.
부마도위	임금의 사위에게 내린 벼슬 예문 공주의 남편은 ( )의 자리에 올랐다.

작품 핵심 엿보기

〈광문자전〉도 **박지원**이 썼대!

〈허생전〉, 〈양반전〉, 〈호질〉을 쓴 작가 말이지?

응, 그래서 **한문 소설**이기도 해.

난 이 작품이 신기했어. 앞에서 읽은 고전 소설만 봐도 주인공이 영웅이거나 고귀한 혈통을 지닌 사람이 대부분이었거든.

맞아. 광문은 외모도 볼품없고 심지어 거지 출신이잖아.

아마 그래서 광문의 장점이 더 돋보이지 않았을까? 의롭고, 분수를 지킬 줄 아는 거 말이야.

재물에도 별 욕심이 없었던 것 같아.

아무래도 박지원은 이 작품이 쓰인 **조선 후기**에 광문 같은 사람이 필요하다고 생각했나 봐.

아무것도 없고 초라하지만 성품만큼은 훌륭한 광문을 보면 탐욕스럽고 위선적인 양반들과 대조되지.

마지막에는 관리들이 오히려 광문에게 친구가 되자고 했다잖아.

어쩌면 양반의 권위도 별거 아닐지 몰라.

그러네, 정말!

작품으로 질문 찾기

생각 질문

1. 광문의 행동 중 가장 **인상 깊은** 것은 무엇인가요? 감상

2. 외모나 말솜씨가 부족하다며 혼인하지 않은 **광문의 결정**에 대해 어떻게 생각하나요? 감상+비판

3. 갑자기 운심이 **춤을 춘** 까닭은 무엇일까요? 감상+추론

4. 여러분의 주변에도 광문처럼 **배울 만한** 점이 있는 사람이 있나요? 적용

논술 질문

광문의 모습을 떠올려 볼 때,
살아가면서 외모나 말솜씨는 얼마나 중요할까요?

외모나 말솜씨보다 실속이 중요하다.	VS	요즘은 외모나 말솜씨도 정말 중요하다.

구운몽

김만중이 쓴 헛된 꿈을 통해 얻은 깨달음

단숨에 읽기

중국에 다섯 개의 유명한 산이 있었다. 그중 하나인 형산 연화봉에는 천축*에서 온 육관 대사*가 있었다. 그에게는 어린 나이에 불경을 다 익혀 모르는 것이 없고 지혜로운 성진이라는 제자가 있었다.

어느 날 성진은 육관 대사의 심부름으로 용궁에 갔다. 용왕은 성진을 반갑게 맞이하며 신선이 먹는 음식을 대접했다. 이어 술잔을 건네자 성진이 거절했다. 하지만 용왕은 용궁의 술과 인간 세상의 술은 다르다며 거듭 권했다. 결국 성진은 석 잔을 마시고 나서야 용궁을 떠날 수 있었다.

술기운이 남아 맑은 물에 얼굴을 씻으려는 순간, 향긋한 바람이 스쳤다. 향기를 따라가 보니 돌다리 위에 팔선녀가 보였다. 성진은 길을 비켜 달라는 말을 주고받으며 선녀들과 장난을 쳤다. 그날 밤 성진은 팔선녀를 떠올리며 속세*의 즐거움을 상상하고 바라기 시작했다.

"왜 정신을 차리지 못하느냐? 도를 닦는 승려가 용궁에서 술을 받아먹은 것도 모자라 선녀들을 그리워하며 속세의 부귀영화*를 꿈꾸다니 네 죄가 중하다!"

육관 대사는 성진을 불러 호되게 꾸짖었다. 이윽고 염라대왕 앞에 끌려간 성진은 팔선녀와 함께 인간 세상으로 보내졌다.

성진은 당나라에서 양소유라는 이름으로 태어났다. 양소유는 과거 시험에도 합격하고 전쟁 위기에서 당나라를 구한 공으로 승상*이 되었다. 또 팔선녀를 만나 차례차례 아내로 삼으며 부귀영화를 누렸다. 어느덧 나이가 든 양소유는 여덟 부인과 함께 폐허가 된 궁궐터를 바라보았다.

"부귀영화가 다 무슨 소용인가. 우리가 죽고 나면 사람들은 그저 이곳을 한때 양소유가 부인들과 노닐던 곳이지만, 자취만 남았다고 할 텐데 말이오.”

그러더니 스승을 찾아 불생불멸*하는 도를 얻어 인간의 괴로움에서 벗어나겠다고 했다.

그때 저쪽에서 한 노승이 나타났다. 노승이 지팡이로 돌난간을 두드리자 사방에서 구름이 일어났다가 걷혔다. 양소유는 꿈에서 깨어났고 모든 것이 사라져 버렸다. 그렇게 양소유는 다시 성진으로 돌아왔다.

육관 대사는 성진에게 세속의 욕망은 하룻밤 꿈일 뿐이라는 것을 가르쳐 주었다. 이에 팔선녀도 육관 대사의 가르침을 받고 싶다고 했다. 육관 대사는 금강경*을 가르치며 설법*을 베풀었다. 이후 성진과 팔선녀는 깨달음을 얻고 극락세계로 갔다.

중심인물 프로필

성진

체험형 몽상가

성격 똑똑하고 욕망에 솔직함

특징 인간 세상의 부귀영화를 꿈꾸다 양소유로 환생하지만 이내 덧없음을 깨달음

팔선녀

운명의 동반자

성격 환경에 잘 적응함

특징 성진의 욕망을 자극하여 인간 세상으로 함께 환생했다가 돌아옴

육관 대사

참된 스승

성격 통찰력이 뛰어남

특징 성진의 스승으로, 하룻밤 꿈을 통해 성진과 팔선녀를 깨달음에 이르게 함

작품 속 어휘 쏙

작품에 나온 어휘의 뜻을 읽고 빈칸에 알맞은 어휘를 써 보세요.

어휘	뜻과 예문
천축	불교에서 인도를 이르던 옛말 **예문** 스님은 불법을 배우기 위해 ( )으로 떠났다.
대사	불교에서 덕이 높은 스님을 높여 부르는 말 **예문** 마을 사람들이 ( )의 가르침을 들으러 모였다.
속세	사람이 살면서 욕심이나 걱정이 많은 세상 **예문** 그는 ( )와 인연을 끊고 산으로 들어갔다.
부귀영화	부유하고 지위가 높아지며 온갖 영광을 누림 **예문** 박 영감은 평생 ( )를 좇으며 재물을 모았다.
승상	임금을 대신해서 큰 일을 하던 가장 높은 벼슬아치 **예문** 황제는 중요한 결정을 할 때마다 ( )에게 물었다.
불생불멸	불교에서 모든 것은 생기지도 없어지지 않는다는 뜻 **예문** 스님은 세상의 이치를 ( )이라고 설명했다.
금강경	세상에 있는 모든 것은 변하고 오래 가지 않는다는 것을 알려 주는 불교책 **예문** 동자승은 마음을 닦기 위해 매일 ( )을 읽었다.
설법	불교의 가르침을 말로 베풂 **예문** 전국 각지에서 ( )을 들으려는 사람들로 법당이 꽉 찼다.

작품 핵심 엿보기

〈구운몽〉은 **김만중**이 썼대.

성진이 꿈을 통해 깨달음에 이르는 과정을 그렸지.

이런 소설을 **몽자류 소설**이라고 해. 주인공이 꿈속에서 새로운 삶을 경험하고 다시 깨는 거지.

〈구운몽〉의 '몽'자가 꿈이라는 뜻인가 봐.

그중에서도 이 작품은 첫 번째 몽자류 소설이야.

성진이 원래 살던 곳은 **중국 형산**인데 꿈에선 달라져서 신기했어.

산속에서 조용히 지내다 세상에 나와 이름도 떨치고 아름다운 부인들까지 거느린 모습도 그러던걸?

하지만 인간의 모든 욕망이나 부귀영화는 덧없음을 보여 줬잖아.

그게 바로 **불교의 가르침**이래. 세상 모든 일은 한순간이고 오래 가지 않는다는 **인생무상** 같은 거 말이야.

불생불멸도 떠올라. 모든 것은 태어나고 사라지는 것이 아니라는 뜻도 비슷해.

조금 어려운 이야기다.

모든 것은 순간적이라는 말씀! 참, 구운몽에서 '구'는 성진과 팔선녀를 나타내.

작품으로 질문 찾기

생각 질문

1. 스님인 성진이 술과 팔선녀에 **흔들린** 이유는 무엇일까요? 감상+추론

2. 높은 벼슬도 얻고 팔선녀와 결혼하여 부귀영화를 누린 양소유가 **덧없음**을 느낀 까닭은 무엇일까요? 감상

3. 육관 대사가 팔선녀를 **인간 세상**으로 보낸 이유는 무엇일까요? 추론

4. 오늘날 사회에서 **성공과 행복**의 기준은 무엇일까요? 적용

논술 질문

양소유로 살았던 성진의 삶을 떠올려 볼 때,
인간에게 욕망은 꼭 필요할까요?

욕망을 버려야 진정한 행복을 얻는다.	VS	욕망도 인간에게 필요한 힘이다.

만복사저포기

김시습이 쓴 삶과 죽음을 초월한 영원한 사랑

단숨에 읽기

전라도 남원에 양생이라는 사람이 살고 있었다. 양생은 일찍이 부모를 여의고 만복사라는 절의 작은 방에서 홀로 생활했다.

어느 3월 24일, 젊은 남녀가 만복사에 모여 등불을 켜고 복을 비는 날이었다. 양생도 저녁 예불*이 끝나자 저포*를 꺼내 부처님께 말했다.

"오늘 저포 놀이를 한판 하려고 합니다. 만약 제가 지거든 부처님께 보답할 것이며, 부처님이 지시면 저에게 아름다운 여인을 배필*로 점지*해 주십시오."

양생이 소원을 빌며 저포를 던졌다. 결과는 양생의 승리였다. 잠시 후 한 아가씨가 나타났는데 하늘의 선녀처럼 곱디 고왔다. 그런데 여인은 '인생이 왜 이리 박명*하느냐'며 품속의 축원문*을 부처님께 바치며 흐느꼈다. 여인의 사연이 궁금했던 양생은 대화를 나누다 서로 사랑에 빠졌다.

밤이 깊어 여인의 시녀가 상을 차려와 잔치가 열렸다. 양생은 무언가 이상하다고 느꼈으나 여인이 노래를 지어 달라는 말에 만강홍 가락으로 한 곡조 지어 시녀에게 부르게 했다.

여인은 이내 자신의 집으로 가자며 양생을 이끌었다. 여인의 집에 도착하여 사흘을 즐겁게 보내던 차, 여인은 이곳에서의 사흘이 인간 세상의 삼 년이니 이제 돌아가라며 양생을 떠밀었다. 그리곤 은잔 하나를 주며 보련사로 가서 자신의 부모님을 만나라고 했다.

이튿날 양생은 길에서 딸의 대상*을 치르러 가는 집안을 만났다. 그들은 은잔을 들고 있는 양생을 보고 어찌 된 것인지 연유를 물었다. 양생이 그간 있었던 일을 들려주자 자신이 그 여인의 아버지라며 왜구가 침입했을 때 딸을 잃고 이제야 보련사에 가서 시식*을 베풀려고 한다고 말했다.

양생 앞에 여인이 다시 나타났다. 그런데 여인은 양생의 눈에만 보였다. 함께 밤을 보내고 여인이 사라지고 나서야 양생은 여인이 귀신임을 알아차렸다. 여인의 부모는 은잔을 양생에게 맡기며 딸을 잊지 말아 달라고 부탁했다.

다음 날 양생이 여인을 만났던 곳에 오니 묘가 있었다. 양생은 슬픔에 못 이겨 밭과 집을 팔아 저녁마다 제사를 지냈고 여인이 나타났다.

"당신의 정성 덕분에 저는 다른 나라에서 남자로 태어났어요. 우리가 나눈 정을 잊지 않겠어요."

그 후 양생은 다시 장가가지 않고 지리산에 들어가 약초를 캐며 살았다. 그의 마지막을 아는 이는 아무도 없었다.

중심인물 프로필

양생

현신적 순정남

성격 의리가 있음

특징 절에서 외롭게 지내다 사랑하는 여인을 만나 헤어진 후에도 잊지 못함

여인

운명적 인도자

성격 감정 표현에 적극적임

특징 양반집 출신으로, 왜구에게 목숨을 잃고 귀신이 되어 사랑을 이루고자 함

작품 속 어휘 쏙

작품에 나온 어휘의 뜻을 읽고 빈칸에 알맞은 어휘를 써 보세요.

어휘	뜻과 예문
예불	부처님께 절하고 기도하는 일 예문 새벽 ( ) 소리에 절 안이 고요해졌다.
저포	나무로 만든 주사위를 던져서 승부를 다투는 윷과 비슷한 놀이 예문 ( )는 윷놀이처럼 운과 실력이 모두 필요한 게임이다.
배필	결혼할 상대 예문 예전에는 부모님이 정해 준 ( )과 결혼했다.
점지	신이 미리 정하거나 내려 줌 예문 부모와 자식 간의 인연은 하늘이 ( )해 준 것이다.
박명	복이 없고 팔자가 사나움 예문 미인은 ( )이라고 그녀는 스물도 안 되어 죽었다.
축원문	신에게 소원을 빌며 적은 글 예문 스님이 부처님께 ( )을 정성껏 올렸다.
대상	사람이 죽은 지 2년째 되는 날에 지내는 제사 예문 그는 돌아가신 아버지의 ( )을 준비했다.
시식	죽은 이를 위해 음식을 차려 부처님께 올리는 일 예문 절에서는 매년 ( )을 올리며 죽은 이를 기렸다.

작품 핵심 엿보기

인간과 귀신의 사랑이라니 뭔가 **비현실적**이야.

양생이 부처님과 내기한 것도 그래. 그런데 난 이승과 저승을 초월한 사랑이 낭만적이었어.

이 작품의 공간적 배경이 만복사라는 절인 거 기억해?

당연하지. 양생이 여인과 인연을 맺을 수 있었던 계기이기도 하잖아.

그러고 보면 전반적으로 **불교적 색채**가 꽤 짙은 것 같아.

두 사람이 배필을 만나게 해 달라고 부처님께 기도하거나 여인의 가족들이 그녀의 명복을 빌기 위해 재를 올리는 점이 그랬어.

〈만복사저포기〉는 남자와 여자의 사랑을 다뤄서 **애정 소설**이라고 한대.

산 사람과 죽은 사람의 사랑이라는 점에서 **명혼 소설**이라고도 불러.

둘의 사랑이 애절해서 이름만 들어도 무슨 뜻인지 알 것 같아.

나도 그랬어. 참, 이 작품은 **『금오신화』**라는 책에 실려 있대.

조선 전기 **김시습**이 지은 우리나라 최초의 한문 소설집 말이지?

응, 총 5편이 실려 있는데 그중 한 편이 〈만복사저포기〉야.

작품으로 질문 찾기

생각 질문

1. <만복사저포기>에서 가장 **인상 깊은** 장면은 어디인가요? 감상

2. 양생과 여인이 서로 **끌렸던 이유**는 무엇일까요? 감상+추론

3. 여인이 양생에게 주었던 **은잔**은 무엇을 의미할까요? 감상+추론

4. 여인이 자신의 죽음을 숨기고 양생과 함께한 것은 **옳은 행동**일까요? 감상+비판

논술 질문

결국 영혼과 사랑에 빠진 양생을 떠올려 볼 때,
외로움은 반드시 극복해야 할 대상일까요?

인간에게 외로움은 친구와 같다.	VS	인간은 외로움을 극복해야만 한다.

이생규장전

김시습이 쓴 죽음도 가로막지 못한 애절한 인연

단숨에 읽기

개성 낙타교 근처에 이생이라는 사람이 살고 있었다. 그는 외모도 말끔하고 재주가 뛰어나 일찍부터 국학*에 다녔다. 한편 선죽리에는 최랑이라는 귀족 집안의 처녀가 살았는데 수를 잘 놓고 시도 잘 지었다.

이생은 국학에 갈 때 언제나 최랑의 집 앞을 지나다녔다. 그러다 어느 날 담 안을 엿본 이생은 최랑이 읊은 시를 듣고 마음이 근질거려 참을 수가 없었다. 그래서 국학에서 돌아오는 길에 시를 쓴 종이를 담 안으로 던졌다. 그 시에는 최랑을 향한 마음이 적혀 있었다. 최랑은 해가 지면 만나자는 내용을 써서 담 밖으로 종이를 던졌다.

날이 어두워지자 이생은 최랑의 집을 찾았다. 그리고 담을 넘어 최랑을 만났다.

"우리 백년가약*을 맺읍시다!"

최랑은 집 뒷동산 작은 누각으로 이생을 이끌어 즐거운 시간을 보냈다. 그 후로도 둘은 저녁마다 만났다. 그런데 이생의 아버지가 이 사실을 알게 되었다. 이생의 아버지는 이 일이 탄로 나면 자식을 엄하게 가르치지 못한 탓이라고 책망받을 것이라며 이생을 울주로 보내 버렸다.

그런 줄도 모르고 매일 이생을 기다린 최랑은 나중에서야 소식을 전해 듣고 자리에 몸져누웠다. 딸에게 그간의 이야기를 들은 최랑의 부모는 이생의 집에 혼사*를 요청했다. 이생의 부모는 처음에 반대했지만 곧 마음을 돌려 이생을 불렀다. 결국 이생과 최랑은 혼례를 치르며 사랑을 다시 이어갔다. 다음 해 이생은 대과*를 거쳐 높은 벼슬에 올라 이름을 알렸다.

그런데 신축년에 홍건적*이 개성을 침입했다. 홍건적은 집을 불태우고 사람과 가축을 죽였다. 이생도 가족들을 데리고 산골로 숨었는데, 한 도적이 칼을 빼어 들고 뒤를 쫓아왔다. 겨우 목숨을 구한 이생과 달리 최랑은 겁탈*하려는 도적에게 반항하다가 죽고 말았다.

슬픔에 잠긴 이생은 날이 저물도록 눈물을 흘렸다. 그때 최랑이 나타났다. 그녀는 혼백*을 의탁*할 곳이 없다며 다시 인연을 맺자고 했다. 이생은 최랑이 이미 이승에 없는 사람인 것을 알았지만 반가움이 앞섰다. 둘은 전에 살던 곳을 찾아 금과 재물을 팔고 죽은 양가 부모의 장례를 치렀다. 이생은 벼슬도 하지 않고 최랑과 시를 주고받으며 함께 지냈다.

"저는 인간 세상에서 더 이상 머물기가 어렵습니다."

그러던 어느 날, 최랑이 이생의 곁을 떠났다. 이생은 그녀의 시체를 거두어 부모의 무덤 곁에 묻어 주었다. 그리고 얼마 안 가 병을 얻어 죽고 말았다. 사람들은 둘의 아름다운 절개를 칭찬했다.

중심인물 프로필

이생

애절한 사랑꾼

성격 재주는 뛰어나지만, 소극적임

특징 최랑이 죽고 얼마 안 가 세상을 떠날 정도로 그녀를 사랑함

최랑

적극적 구애자

성격 사랑에 적극적임

특징 이생과의 못다 한 인연을 이어가고자 이승을 다시 찾음

이생 아버지

엄격한 규율자

성격 체면을 따짐

특징 매일 밤 최랑을 몰래 만나는 아들을 못마땅하게 생각해서 먼 곳으로 보냄

작품 속 어휘 쏙

작품에 나온 어휘의 뜻을 읽고 빈칸에 알맞은 어휘를 써 보세요.

어휘	뜻과 예문
국학	고려·신라 시대에 관리를 키우는 학교 예문 신문왕은 ( )을 세워 인재를 양성하고 신라의 발전에 이바지했다.
백년가약	젊은 남녀가 부부가 되어 평생 함께할 것을 다짐하는 약속 예문 두 사람은 오래 알고 지내다 ( )을 맺었다.
혼사	결혼과 관련된 일 예문 맹 생원은 없는 살림에도 아들의 ( )를 정성껏 준비했다.
대과	조선 시대의 과거 시험 중 가장 높은 시험 예문 소년은 ( )에 급제하여 벼슬길에 올랐다.
홍건적	중국 원나라 말기에 일어난 도적 집단으로 고려를 침입함 예문 ( )이 쳐들어와 개경이 함락되고 사람들이 피난을 떠났다.
겁탈	위협하거나 폭력을 써서 순결을 빼앗음 예문 산적 떼가 부녀자를 ( )하고 마을을 쑥대밭으로 만들었다.
혼백	죽은 사람의 영혼 예문 제사상 앞에서 조상의 ( )을 기렸다.
의탁	몸이나 마음을 기대어 맡김 예문 고아가 된 아이가 친척 집에 몸을 ( )했다.

작품 핵심 엿보기

담장 너머로 시를 주고받다가 사랑이 꽃피다니 낭만적이야.

나도 모르게 어딘지 간질간질해.

심지어 최랑이 직접 만나자는 편지까지 보내잖아.

당시에 보수적인 사회 질서를 떠올리면 파격적이지.

맞아. **유교 사상**에 따르면 여성들은 늘 조용하고 집 안에만 있어야 했는데 최랑을 봐. 이보다 더 사랑에 적극적일 수 있을까?

아버지의 반대에 순응하는 이생과 너무 달라.

이 작품도 〈만복사저포기〉처럼 **명혼 소설**이더라고.

최랑은 **홍건적**에 저항하다가 끝내 목숨을 잃었지. 그럼에도 죽음도 갈라놓을 수 없다는 듯 환생해서 이생과 다시 만나잖아.

아내가 이미 죽은 걸 알면서도 함께 지내는 이생이나 때가 되어 결국 영원한 이별을 고하는 최랑의 모습이 가슴 아팠어.

비현실적이지만 그만큼 사랑에 대한 강한 의지가 느껴졌지.

결말이 정말 **비극적**이야.

〈이생규장전〉도 **『금오신화』**에 실렸다던데 **김시습**의 작품을 더 찾아볼까 봐.

작품으로 질문 찾기

생각 질문

1. <이생규장전>에서 가장 **아름다운** 장면은 어디인가요? 감상

2. 이생이 시를 통해 최랑에게 **마음을 전한** 이유는 무엇일까요? 감상+추론

3. 도적을 피하다 죽음을 맞이한 **최랑의 행동**은 용감한 선택일까요, 무모한 선택일까요? 감상+비판

4. 최랑이 죽은 후에도 이생을 **찾아온** 이유는 무엇일까요? 감상+추론

논술 질문

부모의 반대를 극복하고 부부의 연을 맺은 이생과 최랑처럼
부모가 반대하는 결혼을 해도 괜찮을까요?

아무리 사랑해도 부모가 반대하면 결혼할 수 없다.	VS	서로 사랑한다면 부모가 반대해도 결혼할 수 있다.

고전 어휘 모음

초등
핵심 요약 독서
고전 문학

초판 2쇄 발행 | 2026년 2월 2일
초판 1쇄 발행 | 2026년 1월 11일

글 | 오현선
그림 | 민그림

펴낸곳 | 메가스터디(주)
펴낸이 | 손은진
개발 책임 | 김문주
개발 | 김숙영, 민고은, 서은영
디자인 | 유어북(urbook)
마케팅 | 김상민
제작 | 이성재, 장병미
주소 | 서울시 서초구 효령로 304 국제전자센터 24층
대표전화 | 1661-5431
홈페이지 | http://www.megastudybooks.com
출판사 신고 번호 | 제2015-000159호
출간제안/원고투고 | 메가스터디북스 홈페이지 〈투고 문의〉에 등록

• 잘못된 책은 구입하신 곳에서 바꾸어 드립니다.

• **제품명** 초등 핵심 요약 독서 고전 문학
• **제조자명** 메가스터디㈜ • **제조년월** 판권에 별도 표기 • **제조국명** 대한민국 • **사용연령** 3세 이상
• **주소 및 전화번호** 서울시 서초구 효령로 304(서초동) 국제전자센터 24층/1661-5431